中国社会科学院国有经济研究智库2020—2021重点课题
"国有企业在构建新发展格局中的作用研究"资助成果

"国有企业与构建新发展格局"研究丛书
主编 ◎ 黄群慧 刘国跃

国有企业
与促进共同富裕

The Role of State-owned Enterprises
in Promoting Common Prosperity

李善民 申广军 郑筱婷 徐静 等著

中国社会科学出版社

图书在版编目（CIP）数据

国有企业与促进共同富裕／李善民等著 .—北京：中国社会科学出版社，2022.8

（"国有企业与构建新发展格局"研究丛书）

ISBN 978－7－5227－0077－9

Ⅰ.①国… Ⅱ.①李… Ⅲ.①国有企业—企业发展—共同富裕—研究—中国 Ⅳ.①F279.241②F124.7

中国版本图书馆 CIP 数据核字（2022）第 062127 号

出 版 人	赵剑英
责任编辑	王 曦
责任校对	周 昊
责任印制	戴 宽

出　　版	中国社会科学出版社
社　　址	北京鼓楼西大街甲 158 号
邮　　编	100720
网　　址	http://www.csspw.cn
发 行 部	010－84083685
门 市 部	010－84029450
经　　销	新华书店及其他书店

印刷装订	北京君升印刷有限公司
版　　次	2022 年 8 月第 1 版
印　　次	2022 年 8 月第 1 次印刷

开　　本	710×1000　1/16
印　　张	8.5
插　　页	2
字　　数	101 千字
定　　价	48.00 元

凡购买中国社会科学出版社图书，如有质量问题请与本社营销中心联系调换
电话：010－84083683
版权所有　侵权必究

"国有企业与构建新发展格局"研究丛书编委会

编委会主任： 黄群慧　刘国跃

编委会成员：（按姓氏笔画排序）

　　　　　　王砚峰　王雪莲　邓曲恒　付敏杰　刘　利
　　　　　　闫国春　汤铎铎　祁瑞英　许　晖　孙　文
　　　　　　孙宝东　李永生　李　政　李俊彪　李善民
　　　　　　宋　畅　张　弛　张晓东　陈冬青　邵树峰
　　　　　　苟慧智　林　盼　周忠科　胡乐明　耿　育
　　　　　　倪红福　郭冠清　韩方运

代　序

新发展阶段的国有企业新使命

全面建成小康社会、实现第一个百年奋斗目标之后，我国乘势而上开启了全面建设社会主义现代化国家新征程、向第二个百年奋斗目标进军，这标志着我国进入了一个新发展阶段。进入新发展阶段，需要完整准确全面贯彻新发展理念，加快构建新发展格局。进入新发展阶段、贯彻新发展理念、构建新发展格局，是由我国经济社会发展的理论逻辑、历史逻辑、现实逻辑决定的。进入新发展阶段明确了我国发展的历史方位，贯彻新发展理念明确了我国现代化建设的指导原则，构建新发展格局明确了我国经济现代化的路径选择。

在中华民族从站起来、富起来到强起来的伟大复兴历程中，国有企业作为壮大国家综合实力、推进国家现代化建设和保障人民共同利益的重要力量，在党执政兴国和中国社会主义国家政权的经济基础中起到了支柱作用，为我国经济社会发展、科技进步、国防建设、民生改善做出了历史性贡献，功勋卓著，功不可没。现在，我国进入了从站起来、富起来到强起来历史性跨越的新发展阶段，面对在新发展理念指导下加快构建新发展格局的这个重大现代化战略和路径，国有企业需要明确自己在新发展阶段如何服务构建新发展格局这个新的历史使命。

新中国成立以后，计划经济体制下国有企业承担了社会主义经济建设的绝大部分任务，为中国人民"站起来"做出了巨大贡献，但受体制机制约束，企业活力没有得到有效发挥，这也制约了中国经济整体实力提升；改革开放以来，国有企业通过深化改革逐步成为市场经济主体，一方面为建设社会主义经济体制、探索社会主义与市场经济体制的有机结合发展做出了贡献，另一方面也促进了中国人民"富起来"、中国经济实力的巨大提升和为社会主义发展奠定了雄厚的物质基础。在新发展阶段，社会主义市场经济体制日益成熟，国有企业日益适应市场经济体制，国有企业改革发展已经取得了巨大成就，国有企业具备了为构建新发展格局做出巨大贡献的更为充分的条件。

回顾国有企业改革发展的历史，从传统计划经济体制下向社会主义市场经济体制下转型过程中，国有企业改革历程可以划分为1978年到1992年的"放权让利"时期，1993年到2002年的"制度创新"时期，2003年到2012年的"国资监管"时期，以及2013年到2020年新时代的"分类改革"时期，这四个时期分别对应了不同形势下的改革任务，各自侧重于解决不同层面的困扰改革的主要矛盾和问题，但其主线应该是解决计划经济体制下的国有企业如何适应社会主义市场经济体制要求——国有企业从计划经济体制下的附属逐步改革为社会主义市场经济体制下的市场主体。在社会主义条件下发展市场经济，将社会主义与市场经济体制结合是中国共产党的伟大创造。而不断深化国有企业改革，是建设和完善社会主义市场经济体制的关键。这也就是为什么国有企业改革一直是中国经济体制改革的中心环节的重要原因。回顾改革开放以来国有企业改革发展的历史过程，我们可以认为其改革发展的主导逻辑是如何使国有企业适应市场化的要求，使国有企业成为市场经济体制下的充满活力的市场主体。

应该说，经过改革开放40多年，尤其是新时代以来全面深化改革和2019年开始实施"国有企业改革三年行动方案"，无论是社会主义市场经济体制，还是中国特色现代企业制度和国资监管体制，都在更加成熟和更加定型上取得了明显成效，国有企业与市场经济体制正逐步实现有机融合，基本奠定了社会主义基本经济制度的微观制度基础。从这个意义上，改革开放以来国有企业基于市场化导向的改革发展逻辑已经取得了重大成就。进入新发展阶段，面对加快构建新发展格局的重大使命要求，我们需要思考在继续推进市场化改革、进一步完善体制机制基础上，国有企业改革发展新逻辑。按照党的十九届四中全会精神要求，我国还必须持续推进治理体系和治理能力现代化，到2035年基本实现国家治理体系和治理能力现代化，2050年全面实现国家治理体系和治理能力现代化。这对应到国有企业改革上，要求到2035年中国特色现代企业制度和中国特色现代国资监管体制更加完善，2050年中国特色现代企业制度和中国特色现代国资监管体制更加巩固、优越性充分展现。这需要在评估"国有企业改革三年行动方案"基础上，继续深化改革，按照2035年和2050年的阶段性目标进一步完善中国特色现代企业制度和现代国资监管体制。

在新发展阶段，不仅需要继续深化改革，更需要明确国有企业改革发展的重大使命，我国国有企业需要建立基于使命导向的改革发展逻辑。使命是企业组织存在的理由，使命决定战略，企业组织基于战略进行有效运作，在市场中计划运筹、组织协调各种资源，最终实现自己的使命，这是企业组织运行的基本逻辑。在市场经济条件下，如果仅仅把企业作为一个具有"经济人"特性、追求经济利益最大化的组织，企业就很难做大做强做久。卓越的企业从来不是仅仅把盈利作为自己组织的使命或者目标，盈利只是企业发展的手段，企业必须有为社会进步做出自己贡献的崇高使命。对于中国国有企业而言，更是应该把实现中华民族伟大复兴作为自己组织的根本使命，这是国家出资设立国有企业的最基本要求，也是国有企业存在的理由。在新发展阶段，国家的重大战略是贯彻新发展理念、加快构建新发展格局。因此，国有企业为加快构建新发展格局而贡献力量，成为新发展阶段国有企业的重大使命。在新发展阶段，基于使命导向的国有企业改革发展逻辑，本质上要求国有企业在构建新发展格局中寻求自己的具体定位和发展使命。

第一，国有企业要以促进国家高水平的科技自立自强为使命。构建新发展格局最本质的特征是实现高水平的自立自强，而自立自强的关键在于科技的自主创新。在新发展阶段，创新在我国现代化建设全局中处于核心地位，国有企业聚集了国家最重要的科技创新资源，代表了国家最重要的战略科技力量，必须以促进国家高水平科技自立自强为使命,国有企业尤其是中央企业要将原创技术的策源地作为企业的根本定位。

第二,国有企业要以提升产业链供应链治理能力为使命。从供给侧看,产业基础能力薄弱和产业链供应链现代化水平低是制约我国经济高质量发展的突出短板,提高我国产业基础能力和产业链供应链水平是构建新发展格局的关键着力点。从国际经济循环角度看,中国企业在全球价值链中分工地位还处于中低环节,对全球价值链治理还缺少话语权;从国内经济循环角度看,总体上国有企业尤其是中央企业在产业链供应链中处于中上游地位,对产业链供应链具有一定的控制能力,但这种能力主要是基于资源导向的,还主要不是基于创新导向的。在未来构建新发展格局中,国有企业要成为真正意义上基于创新能力的产业链供应链的"链主"。

第三,国有企业应以促进共同富裕为使命。共同富裕是社会主义的本质要求,是中国式现代化的根本特征。在新发展阶段,国有企业应更加积极地履行社会责任,应积极思考如何更好地完善收入分配体系,健全国有企业内部激励分配机制,合理参与社会收入再分配体系,在正确处理国家、企业和个人之间的分配关系上形成国企样板,为实现共同富裕贡献积极力量,相关国资国企监管机制应充分适应这方面的要求。

第四,国有企业发展应在促进高水平开放中以打造世界一流企业为使命。构建新发展格局,需要形成以国内大循环为主体、国内国际双循环相互促进的新局,这要求实行高水平对外开放,既要持续深化商品、服务、资金、人才等要素流动型开放，又要稳步拓展规则、规制、管理、标准等制度型开放，既要加强国内大循环在双循环中的主导作用，又要重视以国际循环提升国内大循环的效率和水平，塑造我国参与国际合作和竞争新优势。这个高水平对外开放过程又恰是我国国有企业打造世界一流企业所要求的，世界一流企业需要在国际竞争中逐步成长起来。在新发展阶段，国有企业要更好地参与新形势下的国际经贸合作，积极应对区域贸易协定、贸易合作组织对于国有企业的质疑和挑战，在共建"一带一路"、参与CPTPP协定、完成"碳中和"目标等问题上发挥国有企业的应有作用，在国内国际双循环中打造世界一流企业。

第五，国有企业发展应以促进实体经济创新发展为使命。近些年中国经济总体上呈现"脱实向虚"的趋势，一定程度上出现了过快和过早"去工业化"问题，这十分不利于我国经济高质量发展，不利于我国经济安全。一定要坚持把发展经济的着力点放在实体经济上，"十四五"时期要保持制造业比重基本稳定，巩固壮大实体经济根基，是我国构建新发展格局、经济高质量发展的基本政策导向和要求。中央企业是我国实体经济的顶梁柱和制造强国建设的主力军，必须在推进实体经济创新发展上大有作为。

立足新发展阶段，从国有企业的使命与定位来看，国有企业必须以中华民族的伟大复兴为己任，服务于中华民族伟大复兴的战略全局，在社会主义现代化新征程中为构建新发展格局发挥关键作用，成为现代化经济体系的重要市场主体，积极推动和适应经济的高质量发展，围绕"强起来"的使命要求，国有企业应坚持贯彻新发展理念、走高质量发展之路，在高水平自立自强、提升产业链现代化水平、推进共同富裕、畅通经济循环等重大战略中发挥引领和支撑作用。

  基于上述认识，中国社会科学院国有经济研究智库2021年立项课题"国有企业在构建新发展格局中的作用研究"，由中国社会科学院经济研究所和国家能源集团合作主持，经过一年的研究，取得了丰硕的成果，本丛书就是这些成果的一个集中体现。因为国有企业在构建新发展格局中的作用是一个全新的重大问题，还需要持续深入研究，本丛书也只是一项初步探索，期望能够抛砖引玉，请大家批评指正。

黄群慧

中国社会科学院经济研究所所长

中国社会科学院国有经济研究智库主任

前　言

共同富裕是社会主义的本质要求，在我国进入新发展阶段、贯彻新发展理念、构建新发展格局过程中，必须更加注重共同富裕问题。我们采用案例调研、数据资料、理论分析等方法，从初次分配、再分配和三次分配三个方面对国有企业在促进形成完善收入分配体系中的作用进行了深入研究。

在初次分配方面，国有企业通过产业帮扶，扩大就业尤其是广大乡村地区劳动力就业，在广延边际上扩大中等收入群体；国有企业同时可提高自身劳动收入份额，并引导民营企业提高劳动收入份额，从而在集约边际上扩大中等收入群体规模。以此为基础，本报告建议着力产业帮扶，提高帮扶效率、促进民营企业参与培育劳动力要素价值，继续发挥国有企业在促进乡村振兴中的作用；深化国企劳动体制改革，赋予国企更灵活的用工权利、寻求"最优"劳动收入份额；以高标准建立统一的劳动力市场、优化保护劳动者权利，完善配套机制，扩大国有企业对民营企业劳动收入分配的引导功能。

在国有企业利润再分配方面，本报告发现国有企业一是通过缴纳税收或上缴利润，可直接用作国家财政来提高低收入者收入水平；二是通过保留利润成为国有资本权益，直接提高全民长期福利；三是通过国有资本划转，直接用于民生领域调节收入差距。为更好发挥国有企业利润分配对收入分配的作用，建议进一步提高国有资本收益的收取比例和上缴财政比例；国有资本支出向民生类支出倾斜；国有资本划转政策向农村倾斜，实现地区统筹。

在三次分配方面，国有企业在脱贫攻坚和乡村振兴进程中，通过扶贫解困、公益慈善、志愿行动等方式和渠道参与国民收入分配。粤港澳大湾区国企积极参与脱贫攻坚，在降低收入不平等方面取得了突出的成绩，最宝贵的经验在于深入分析脱贫地区的优势领域和短板不足，明确经济发展的重点产业和主攻方向，充分尊重市场规律，利用市场化机制，借助老字号品牌推动帮扶产品创新、形成上规模的产业链进行产业对接帮扶。将脱贫攻坚的成功经验用于实现乡村振兴战略，本报告建议搭建乡村振兴产业资源对接平台，提升国企产业对接效率；构建国企协同推进乡村振兴机制，促进产业链完整有序发展；合力打造扶贫产品的消费平台，提升脱贫地区产品的市场竞争力；支持国企成立乡村产业发展基金或乡村振兴基金，推动金融助力乡村振兴；继续发挥国企在基础设施建设、文化思想引领方面的优势，着力推动优化乡村营商环境。

目　录

第一章　国有企业的功能与实现共同富裕 …………………… 1

　第一节　全体人民共同富裕是建设社会主义现代化
　　　　　国家的必然要求 ……………………………………… 3

　第二节　充分发挥国有企业在完善收入分配体系中的
　　　　　作用 …………………………………………………… 9

第二章　国有企业在初次分配中的作用 ……………………… 15

　第一节　初次分配与中等收入群体 ………………………… 15

　第二节　国有企业在提高劳动收入份额中的作用
　　　　　研究 …………………………………………………… 23

　第三节　国有企业在扩大就业中的作用研究：广药集团
　　　　　的案例分析 …………………………………………… 37

　第四节　国有企业在改善企业内部收入分配
　　　　　差距中的作用研究 …………………………………… 43

— 1 —

第三章 国有企业在收入再分配中的作用 …… 48

第一节 国有企业利润分配对收入分配的作用
机制研究 …… 49

第二节 国有企业利润分配在调节收入分配机制中
存在的问题 …… 60

第三节 提高国有企业利润分配对收入分配
作用的政策建议 …… 68

第四章 国有企业在三次分配中的作用 …… 72

第一节 实现共同富裕要缩小城乡收入差距 …… 73

第二节 中央企业及国资委在脱贫攻坚中发挥的
重要作用 …… 78

第三节 粤港澳大湾区国企促进脱贫地区居民收入
提升的经验 …… 82

第四节 发挥国有企业乡村振兴引领作用，推动乡村
共同富裕 …… 94

附录 …… 103

参考文献 …… 107

后记 …… 113

第一章
国有企业的功能与实现共同富裕

早在 2012 年 11 月 15 日十八届中央政治局常委同中外记者见面时，习近平总书记就强调人民对美好生活的向往就是我们的奋斗目标，强调要坚定不移走共同富裕的道路。2015 年 10 月 29 日，在党的十八届五中全会上，习近平总书记明确提出坚持以人民为中心的发展思想。[1] 2020 年 10 月，习近平总书记在关于《中共中央关于制定国民经济和社会发展第十四个五年规划和二〇三五年远景目标的建议》的说明中指出："共同富裕是社会主义的本质要求，是人民群众的共同期盼。我们推动经济社会发展，归根结底是要实现全体人民共同富裕。"[2] 2021 年 2 月习近平总书记宣布我国脱贫攻坚战取得了全面胜利，标志着我们党在团结带领人民创造美好生活、实现共同富

---

[1] 中共中央党校：https://www.ccps.gov.cn/xxsxk/zyls/202105/t20210506_148587.shtml。

[2] 《〈中共中央关于制定国民经济和社会发展第十四个五年规划和二〇三五年远景目标的建议〉辅导读本》，人民出版社 2020 年版，第 72 页。

裕的道路上迈出了坚实的一大步。①

在我国进入新发展阶段、贯彻新发展理念、构建新发展格局过程中，必须更加注重实现共同富裕问题。2021年《求是》杂志第9期发表习近平总书记的重要文章《把握新发展阶段，贯彻新发展理念，构建新发展格局》，文章再次强调"实现共同富裕不仅是经济问题，而且是关系党的执政基础的重大政治问题"。② 十三届全国人大四次会议表决通过《国民经济和社会发展第十四个五年规划和2035年远景目标纲要》明确要求，"坚持居民收入增长和经济增长基本同步、劳动报酬提高和劳动生产率提高基本同步，持续提高低收入群体收入，扩大中等收入群体，更加积极有为地促进共同富裕"。③

共同富裕的实现需要完善收入分配体制。国有企业控制着国民经济的命脉，集聚着大量经济社会资源要素。《中共中央国务院关于深化国有企业改革的指导意见》指出："国有企业属于全民所有，是推进国家现代化、保障人民共同利益的重要力量，是我们党和国家事业发展的重要物质基础和政治基础。"④ 因此，完善收入分配体制需要发挥国有企业的先导作用，先行先试，推动收入分配格局重构。本报告以习近平新时代中国特色社会主义思想为指导，在对国家重大发展战略研判

---

① 人民网：http//jhjsk.people.cn/article/32037154。
② 习近平：《把握新发展阶段，贯彻新发展理念，构建新发展格局》，《求是》2021年第9期。
③ 《中华人民共和国国民经济和社会发展第十四个五年规划和2035年远景目标纲要》，人民出版社2021年版，第145页。
④ 《中共中央国务院关于深化国有企业改革的指导意见》，人民出版社2015年版，第1页。

的基础上，对国有企业在促进收入分配体系完善中的作用进行深入研究。

第一节 全体人民共同富裕是建设社会主义现代化国家的必然要求

"增进民生福祉"是我国社会主义发展的根本目的。改革开放以来，在党中央带领下，我国社会主义现代化建设战略安排"三步走"战略目标中的前两步，"解决人民温饱问题、人民生活总体达到小康水平"提前实现，正向"全体人民共同富裕"迈进。2021年1月11日，习近平总书记在中央党校省部级主要领导干部学习贯彻党的十九届五中全会精神专题研讨班开班仪式上发表重要讲话强调："进入新发展阶段、贯彻新发展理念、构建新发展格局，是由我国经济社会发展的理论逻辑、历史逻辑、现实逻辑决定的。"[①] 要深入学习、坚决贯彻党的十九届五中全会精神，准确把握新发展阶段，深入贯彻新发展理念，加快构建新发展格局，推动"十四五"时期高质量发展，确保全面建设社会主义现代化国家开好局、起好步。通过进一步完善国民收入分配体系促进全体人民走向共同富裕，是全面推进社会主义现代化国家建设的必然要求，如何推进实现

---

① 习近平：《论把握新发展阶段、贯彻新发展理念、构建新发展格局》，中央文献出版社2021年版，第486—487页。

全体人民共同富裕,则必须与当前我国新发展阶段的历史背景密切相连,与贯彻新发展理念的原则、构建新发展格局的路径协同一致。

一 新发展阶段要求进一步完善国民收入分配体系

习近平总书记在党的十九大报告中明确指出:"中国特色社会主义进入新时代,我国社会主要矛盾已经转化为人民日益增长的美好生活需要和不平衡不充分的发展之间的矛盾。"[①] 新时代社会主要矛盾与党的十九大之前存在两点重要变化,更加准确地总结了当前阶段我国经济社会发展的现实状况。

第一,矛盾的主要方面从"人民日益增长的物质文化需要"转变为"人民日益增长的美好生活需要"。这一方面说明经过多年的艰辛奋斗,我国稳定解决了十几亿人的温饱问题,全面建成小康社会,人民群众不仅是对物质文化生活提出了更高的要求,而且在民主、法治、公平、正义、安全、环境等方面出现了多样化、更高层次的要求。但另一方面,正如党的十九大报告中所指出的,我们在经济方面所面临的困难和挑战主要是"民生领域还有不少短板,脱贫攻坚任务艰巨,城乡区域发展和收入分配差距依然较大"等。中国特色社会主义进入新时代,人民群众对于共享改革发展成果的要求越来越凸显、越来越强烈。如果不正视这一问题,社会矛盾就会越积累越多、越来越复杂。随着经济实力的增强,解决这一主要矛盾的时机

---

① 习近平:《决胜全面建成小康社会 夺取新时代中国特色社会主义伟大胜利——在中国共产党第十九次全国代表大会上的报告》,人民出版社2017年版,第11页。

也日渐成熟。

第二，矛盾的次要方面从"落后的社会生产"转变为"不平衡不充分的发展"。经过40多年的改革开放，我国的社会生产特别是生产力方面已基本摆脱了落后状况，我国的社会生产水平包括总量、速度等取得了历史性发展和飞跃；随着国际金融危机的不断深化，国际社会愈发感知中国特色社会主义道路、制度和价值观的魅力，再把我国当前的社会生产称为"落后的社会生产"已经与实际不大相符。同时必须认识到，当前经济社会的发展仍是不平衡不充分的：发展的不平衡，宏观主要体现在社会生产关系中区域财富占有和收入分配方面的差距上，微观主要体现在人与人之间财富占有和收入分配方面的差距上；而发展的不充分，则主要体现在民主、法治、公平、正义、安全、环境等方面发展的不充分上，体现在其相互之间关系的不充分不协调上。

解决社会主要矛盾，推动我国经济社会不断发展是新发展阶段的重点任务。党的十九届五中全会提出，全面建成小康社会、实现第一个百年奋斗目标之后，我们要乘势而上开启全面建设社会主义现代化国家新征程、向第二个百年奋斗目标进军，这标志着我国进入了一个新发展阶段。在新发展阶段，我国面临着全面建设社会主义现代化国家的总体奋斗目标，民生福祉的提升是奋斗目标的重要内容。完善收入分配体系目标在于促进人民生活水平更加宽裕、中等收入群体数量明显提高、城乡区域发展差距与居民生活水平显著缩小、基本公共服务均等化基本实现、实现更加充分更高质量的就业、实现居民收入增长和经济增长的基本同步、明显改善分配结构、健全多层次社会保障体系、脱贫攻坚成果巩固拓展、乡村振兴战略全面推进。要完善收入分配体系,还需要我们在准确把握新发展阶段特征的基础上,深入贯彻新发展理念,加快构建新发展格局。

二 完善收入分配体系坚持贯彻新发展理念

完善收入分配体系是深入坚持新发展理念的题中应有之义。2015年10月,习近平总书记在关于《中共中央关于制定国民经济和社会发展第十三个五年规划的建议》的说明中指出,"发展理念是发展行动的先导,是管全局、管根本、管方向、管长远的东西,是发展思路、发展方向、发展着力点的集中体现。"[1] 2015年10月29日,习近平总书记在党的十八届五中全会第二次全体会议上的讲话明确提出了创新、协调、绿色、开放、共享的新发展理念。[2] 新发展理念符合我国国情,顺应时代要求,对破解发展难题、增强发展动力、厚植发展优势具有重大指导意义。

新发展理念中"共享"注重的是解决社会公平正义问题。我国经济发展的"蛋糕"不断做大,但分配不均问题仍比较突出。罗楚亮等对城乡收入进行分解并经过地区价格调整后发现,城乡组间平均对数离差与泰尔指数自2013年以来均有所

---

[1] 《〈中共中央关于制定国民经济和社会发展第十三个五年规划的建议〉辅导读本》,人民出版社2015年版,第65页。
[2] 习近平:《在党的十八届五中全会第二次全体会议上的讲话(节选)》,《求是》2016年第1期。

降低，而东、中、西区域泰尔指数有所上升。① 也就是说，一方面，城乡收入差距近年来虽有缩小，但进一步缩小难度加大。另一方面，地区发展差距自2015年后再次扩大，而且呈现南北分化的新特征，区域分化态势短期内难以缓解。此外，我国居民收入差距依然较大，近十年来出现财富向头部聚集、收入分配差距拉大等问题。根据《2020年中国人均可支配收入行业分析报告》，全国基尼系数由2016年的0.465上升至2018年的0.468，税前收入前10%的人群收入所占比重由2000年的35.56%提高至2019年的41.43%，个人财富排名前10%的人群占社会财富的比重由2000年的47.75%迅速攀升至2015年的67.41%，如果考虑财富的因素，居民收入差距会更大，而且财产收入差距对总体收入不平等的贡献持续增加。因此，在共享改革发展成果上，无论是实际情况还是制度设计，都还有不完善的地方，而完善收入分配体系，正是新发展理念中"共享"发展的题中应有之义。

三 完善收入分配体系推动加快构建新发展格局

完善收入分配体系是加快构建新发展格局的必然要求。2020年5月14日，中央政治局常委会会议首次提出要构建国内国际双循环相互促进的新发展格局。7月21日，习近平总书记在主持召开企业家座谈会时再次强调："逐步形成以国内大

---

① 罗楚亮、李实、岳希明：《中国居民收入差距变动分析（2013—2018）》，《中国社会科学》2021年第1期。

循环为主体、国内国际双循环相互促进的新发展格局。"① 党的十九届五中全会审议通过的《中共中央关于制定国民经济和社会发展第十四个五年规划和二〇三五年远景目标的建议》，是开启全面建设社会主义现代化国家新征程、向第二个百年奋斗目标进军的纲领性文件，是今后5年乃至更长时期我国经济社会发展的行动指南。《建议》指出："加快构建以国内大循环为主体、国内国际双循环相互促进的新发展格局。"加快形成新发展格局，是以习近平同志为核心的党中央根据我国发展阶段、环境、条件变化，审时度势做出的重大决策，是事关全局的系统性、深层次变革，是立足当前、着眼长远的战略谋划。进入新发展阶段，以国内大循环为主体、国内国际双循环相互促进，其核心要义在于充分依托我国超大规模市场优势，培育和挖掘内需市场，推动产业结构优化和转型升级，同时坚定维护多边贸易体制，将国内经济融入经济全球化当中，实现国内循环和国际循环相辅相成、相得益彰、相互促进。

新发展格局的构建，需要坚持扩大内需的战略重点。我国有14亿多人口，人均国内生产总值已经突破1万美元，是全球最大和最具潜力的消费市场，我国的中等收入人群已经成为中高端商品和服务消费的主力军。但是，一方面，中等收入人群在总人口中的比重还远远低于发达国家，加快推进中等收入

---

① 中国政府网：http://www.gov.cn/xinwen/2020 - 07/21/content_ 5528789. htm? gov。

人群倍增,才能为构建新发展格局提供关键支撑。另一方面,我国收入差距也抑制了人民群众的消费需求。例如,有学者使用1978—2008年我国28个省、市、自治区的面板数据发现,衡量城乡收入差距的城镇收入与农村收入比例每增加1个单位,居民消费率下降6.5个百分点;2000—2008年我国居民消费率下降的30.8%是由城乡收入差距扩大导致的。[①] 因此,加快构建新发展格局,需要通过深化收入分配制度改革,推动形成合理有序的收入分配格局,缩小收入分配差距、扩大中等收入人群数量,一方面能够最大限度激发我国的内需潜能,为构建新发展格局提供关键支撑;另一方面还能更好实现发展成果充分由人民共享,充分调动群众的积极性、主动性、创造性,使一切有利于新发展格局的要素得到充分释放。

第二节 充分发挥国有企业在完善收入分配体系中的作用

国有企业是中国特色社会主义的重要物质基础和政治基础,关系公有制主体地位的巩固,关系我们党的执政地位和执政能力,关系我国社会主义制度的发展。习近平总书记强调,国有企业是中国特色社会主义的重要物质基础和政治基础,是

---

① 陈斌开:《收入分配与中国居民消费——理论和基于中国的实证研究》,《南开经济研究》2012年第1期。

中国特色社会主义经济的"顶梁柱"。①

从基本功能来看，促进共同富裕是国有企业社会功能的重要方面，是国有企业在新发展阶段的重要使命之一。国有企业肩负了与一般企业不同的功能使命，在发展中国特色社会主义市场经济中具有不可取代的地位。② 国有企业的功能主要体现以下三个层面：一是经济层面，国有企业在关键行业进行经营，推动基础设施的完善和公用事业的发展，③ 集中生产资源攻克关键性的核心技术领域，实现技术赶超，引领战略性新兴产业，④ 推动国家产业转型升级，带动非公有制经济的进一步健康发展；⑤ 二是社会层面，国有企业有助于实现公共目标、稳定就业、促进共同富裕、促进社会主义文化建设；⑥ 三是政治层面，国有企业不仅在国防军工、能源、信息、粮食储备等关系国民经济命脉的关键行业和重要领域起主导作用，⑦ 达到保障国家安全的目的，更是我国参与全球经济治理的重要载

---

① 国务院国有资产监督管理委员会官网：www.sasac.gov.cn/n4470048/n10286230/n11567072/n11567077/c13435182/content.html。

② 董辅礽：《发挥证券市场的作用，推进国有企业改革》，《经济研究》1999年第10期。詹新宇、方福前：《国有经济改革与中国经济波动的平稳化》，《管理世界》2012年第3期。

③ 张宇：《论国有经济的主导作用》，《经济学动态》2009年第12期。

④ 刘元春：《国有企业宏观效率论——理论及其验证》，《中国社会科学》2001年第5期。叶静怡、林佳、张鹏飞、曹思未：《中国国有企业的独特作用：基于知识溢出的视角》，《经济研究》2019年第6期。

⑤ 张宇：《当前关于国有经济的若干争议性问题》，《经济学动态》2010年第6期。

⑥ 孙晓华、李明珊：《国有企业的过度投资及其效率损失》，《中国工业经济》2016年第10期。项安波：《重启新一轮实质性、有力度的国企改革——纪念国企改革40年》，《管理世界》2018年第10期。

⑦ 金碚：《三论国有企业是特殊企业》，《中国工业经济》1999年第7期。胥和平：《战略性竞争产业中的国有企业》，《中国工业经济》2001年第5期。

体、推动国家全球战略的重要手段。

从国家战略来看,国有企业主导着收入分配格局的变化,在贯彻新发展理念、加快构建新发展格局中扮演重要角色。新中国成立以来特别是改革开放以来,国有企业发展取得巨大成就。我国国有企业为我国经济社会发展、科技进步、国防建设、民生改善做出了历史性贡献,功勋卓著,功不可没。习近平总书记在中国石油辽阳石化公司考察时指出,"国有企业地位重要、作用关键、不可替代,是党和国家的重要依靠力量"[①]。在新发展阶段,为深入贯彻新发展理念、加快构建新发展格局,国有企业还可以在完善收入分配体系中发挥更大的作用。习近平总书记多次强调:"国有企业属于全体人民,公有制经济是全体人民的宝贵财富,是保障人民共同利益的重要力量,是全体人民共同富裕的重要保障。"[②] 国有企业控制着国民经济的命脉,集聚着大量经济社会资源要素,主导着收入分配格局的变化。应发挥国有企业在收入分配制度改革中的先导作用,先行先试,推动收入分配格局重构。

本报告研究国有企业如何促进形成更加完善的收入分配体系。国民收入分配最终格局的实现,经历了初次分配、再分配和三次分配共三个环节,因此本报告后续部分按照三个分配环节,分别阐述国有企业在促进形成更加完善的收入分

---

① 国务院国有资产监督管理委员会官网:www.sasac.gov.cn/n4470048/n10286230/n11567072/n11567077/c13435182/content.html。
② 楚序平、周建军、周丽莎:《牢牢把握国有企业做强做优做大的方向》,《红旗文稿》2016年第20期。

配体系中的作用机制，分析框架见图1-1。

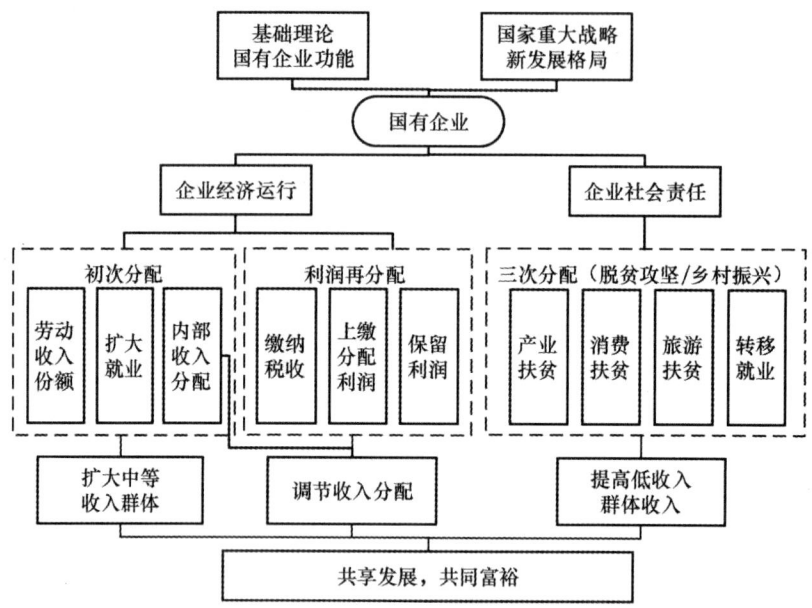

图1-1 国有企业促进形成完善收入分配体系的作用机制

第一，国有企业可以通过三个途径完善国民收入初次分配。

首先，当前我国初次分配面临的主要问题之一是劳动收入份额过低，而国有企业对改善劳动收入份额有两方面作用：（1）国有经济是国民经济的主体，国有企业的劳动收入份额对经济整体的劳动收入份额有直接影响；（2）当生产要素可以自由流动时，国有企业的工资水平能为民营企业提供参照系，因而可以间接改变民营企业的劳动收入份额。

其次，国有企业通过扩展供应链、开拓新市场、布局新产业、培育劳动力等途径，可以提高就业市场容量，增强就业市场活力。以上两个途径，都有助于扩大中等收入群体规模。

最后，国有企业内部也存在明显的收入差距和薪酬激励机制不完善等问题，通过改革国有企业高管薪酬制度，处理好按劳分配和按要素分配的关系，可以进一步完善国有企业收入分配正向激励机制，保证在做强做优做大国企的基础上，调节国有企业内部收入分配。一是大幅提高劳动者尤其是一线职工报酬的占比，二是坚持工资增长与劳动生产率、企业利润、高管薪酬"三挂钩"，从制度上保障职工工资收入的动态、同步增长，三是确保国有企业中的各类职工足额、按时交齐"五险一金"，落实好同工同酬。通过上述调整，可以为本地区职工工薪收入树立重要标杆，推动相关企业薪酬的升降，将城乡居民收入差距缩小到合理范围，让更多的人更多地享受到改革发展的成果。

第二，国有企业的利润再分配对于调节国民经济收入分配有重要作用。一方面，国有企业通过缴纳税收或上缴利润，直接丰裕了国家财政，可用于提高低收入者收入水平；另一方面，国有企业保留利润成为国有资本权益，这既可以直接提高全民福利（因为国有资本归全民所有），也可以通过国有资本划转，直接用于民生领域（如社保基金），进而调节收入差距。此外，国有企业上缴利润作为国有经营资本支出的资金来源，或者保留利润用于扩大再生产，都有利于国有企业进一步提高竞争力，增加未来利润并改善长期收入分配。

第三，国有企业在完善三次收入分配中发挥重要作用。党的十九届四中全会通过的《中共中央关于坚持和完善中国特色社会主义制度、推进国家治理体系和治理能力现代化若干重大问题的决定》指出,"重视发挥第三次分配作用,发展慈善等社会公益事业"[①],这是党中央首次明确以第三次分配为收入分配制度体系的重要组成。国有企业除了通过企业经济运行来扩大中等收入群体、调节收入分配,还通过扶贫解困、公益慈善、志愿行动等方式和渠道参与国民收入分配。

---

① 《中国共产党第十九届中央委员会第四次全体会议文件汇编》,人民出版社2019年版,第39页。

第二章

国有企业在初次分配中的作用

党的十九届五中全会通过《中共中央关于制定国民经济和社会发展第十四个五年规划和二〇三五年远景目标的建议》提出,"十四五"时期要"着力提高低收入群体收入,扩大中等收入群体",到2035年实现"中等收入群体显著扩大"。本报告认为,中等收入群体的主体是以劳动收入为主的普通劳动者,因此,扩大中等收入群体必须提高劳动收入在国民收入初次分配中的比重;同时在进一步稳定和扩大就业群体过程中,国有企业也要发挥重要作用。此外,改革国有企业内部收入分配、完善国企高管薪酬体制也有利于改善收入分配。本节从三个方面分析国有企业在完善初次分配中的作用机制。

第一节 初次分配与中等收入群体

一 国民收入分配中的初次分配

收入分配格局的最终实现,需经历初次分配、再分配和第三次分配三个环节。初次分配是指国民收入在劳动、资本、土地、知识、技术、管理和数据等生产要素之间的分配，如劳动所有者因提供劳动服务而获得劳动报酬（包括工资及工资性收入和社会保险付款），土地所有者因出租土地而获得地租，资本所有者因提供不同形态的资本而获得利息、租金或红利等财产性收入。再分配是政府在初次分配结果的基础上，通过税收、社会保障、转移支付等现金或实物转移的方式，在各收入主体之间对生产要素收入进行再次调节的过程。第三次分配是在道德力量的推动下，通过自愿捐赠等公益慈善事业进行的分配。

虽然再分配有助于收入分配的改善，第三次分配也能促使资源和财富在不同社会群体间趋向均衡，[1] 但是初次分配作为再分配的基础，仍在很大程度上影响着收入分配的最终格局。[2] 在参与初次分配的诸要素中，劳动和资本无疑是最重要的两种。以2017年资金流量表为例，初次分配总收入中劳动者报酬占51.7%，资本所得占35.2%，而地租和其他要素收入仅分别占0.95%和0.67%（其余为政府所得的生产税净额）。因此，研究国民收入的初次分配，应重点关注劳动和资本这两种

---

[1] 李实、罗楚亮、赖德胜：《中国居民收入分配研究报告》，社会科学文献出版社2013年版。许志伟、吴化斌、周晶：《个人所得税改革的宏观福利分析》，《管理世界》2013年第1期。蔡萌、岳希明：《中国社会保障支出的收入分配效应研究》，《经济社会体制比较》2018年第1期。

[2] Benjamin, D., Brandt, L., Giles, J. and Wang, S., 2008, "Income Inequality During China's Economic Transition", *China's Great Economic Transformation*, 729: 75. 李稻葵、刘霖林、王红领：《GDP中劳动份额演变的U型规律》，《经济研究》2009年第1期。龚刚、杨光：《从功能性收入看中国收入分配的不平等》，《中国社会科学》2010年第2期。

生产要素。其中，劳动收入份额（或者反面资本收入份额）是表征国民收入如何在劳动和资本之间分配的核心指标，其定义非常简单：

$$劳动收入份额 = \frac{W}{Y} \times 100\% = \frac{wL}{Y} \times 100\%$$

其中 W 为劳动者报酬总额，它等于人均工资 w 和劳动者数量 L 之积，Y 为国民收入或国民生产总值。因此，劳动收入份额就是国民收入中劳动者报酬所占比例。图 2-1 展示了劳动收入份额和基尼系数的关系，二者显著负相关，表明劳动收入份额越高，即劳动者获得产出中的较大份额，有助于降低收入差距。因此，完善初次收入分配，提高劳动收入份额，有助于改善当前收入分配格局。

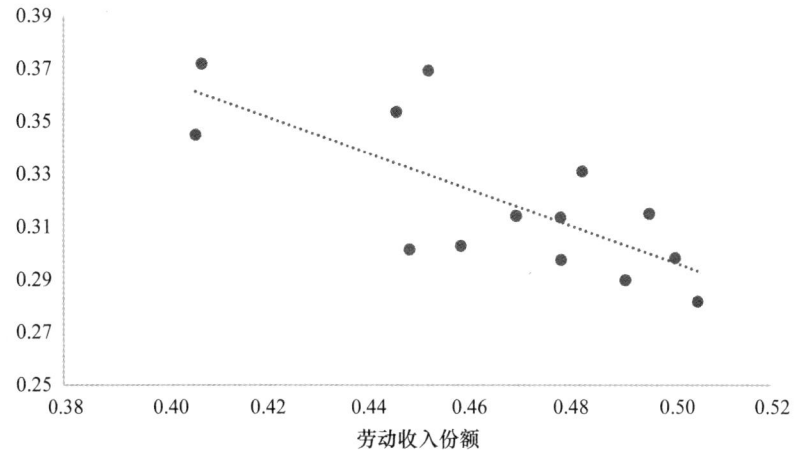

图 2-1 劳动收入份额与基尼系数

注：劳动收入份额根据各省收入法 GDP 计算；基尼系数根据城镇住户调查（Urban Household Survey，UHS）数据计算。图中为 2007 年数据，仅包含了 UHS 的样本省（剔除离群点上海）。

资料来源：《中国统计年鉴》和城镇住户调查（Urban Household Survey，UHS）数据。

劳动收入份额指标很早就进入经济学家的视野,但并未引起足够的重视。这有理论上的原因。新古典经济学的生产理论惯常使用柯布—道格劳斯(Cobb-Douglas)生产函数 $Y = AK^{\alpha}L^{\beta}$,即资本投入 K 与劳动投出入 L 共同生产 Y(其中 α 和 β 为两种生产要素的产出弹性)。新古典经济学的分配理论认为,生产要素的价格等于其边际产出,因此劳动者报酬为 $\beta AK^{\alpha}L^{\beta-1} \times L = \beta Y$,可知劳动收入份额等于常数 β。著名的"卡尔多事实"强化了劳动收入份额不变的信念。卡尔多在一系列研究中讨论经济增长稳态的特征,[1]并最终将其总结为六条典型特征,即"卡尔多事实",其中包括对收入分配的论述——各种生产要素的收入在国民收入中所占的分配份额大体上稳定不变。[2]西方发达经济体在第二次世界大战之后也基本上遵循这一规律,比如美国的劳动收入份额一直在三分之二左右波动,西欧国家稍高,但也没有明显的上升或下降的趋势。[3]这使得"卡尔多事实"成为建立宏观模型的基本要求,深刻地影响着关于生产函数、不平等、宏观经济动态等领域的研究,[4]而劳动收入份额似乎也成为无关紧要

---

[1] Kaldor, N., 1955, "Alternative Theories of Distribution", *The Review of Economic Studies*, 23(2): 83-100. Kaldor, N., 1957, "A Model of Economic Growth", *The Economic Journal*, 67(268): 591-624.

[2] Kaldor, N., 1961, "Capital Accumulation and Economic Growth", *The Theory of Capital*, Springer, 177-222.

[3] Blanchard, O. J., Nordhaus, W. D. and Phelps, E. S., 1997, "The Medium Run", *Brookings Papers On Economic Activity* (2): 89-158. Harrison, A., 2005, "Has Globalization Eroded Labor's Share? Some Cross-Country Evidence", *University Library of Munich*, Germany.

[4] Giovannoni, O. G., 2014, "What Do we Know About the Labor Share and the Profit Share?", *Levy Economics Institute*, *Working Paper*.

的问题。

但 20 世纪 80 年代以来，西欧国家的劳动收入份额开始下降；最晚到 90 年代初期，美国的劳动收入份额也开始下降。[①] 因此，2000 年以来劳动收入份额成为国外经济学研究的热点。国内对劳动收入份额的研究随之跟进，因为研究者发现我国劳动收入份额也在不断下降。并且由于两方面的原因，这一问题对我国更为重要。一方面，我国居民的财产性收入占比很低，对劳动收入的依赖更加严重。例如，有学者发现我国居民财产性收入仅占可支配收入的 3.1%，而西方国家的这一比例可以达到 20% 以上。[②] 另一方面，跨国比较显示我国劳动收入份额较低，[③] 尤其是与发达国家相比更是如此。

二 初次分配与中等收入群体

中等收入群体的相关论述最早来自西方"中产阶级"的概念。不同的是，中产阶级是一个多维度的概念，判断中产阶级家庭的标准不仅涉及收入、财产，还涉及职业、社会地位，甚至生活方式。而"中等收入群体"的本意应该是从收入角度来看社会群体的收入分化状态，家庭（人均）收入应该是主要甚

[①] Harrison, A., 2005, "Has Globalization Eroded Labor's Share? Some Cross-Country Evidence", *University Library of Munich*, Germany. Karabarbounis, L. and Neiman, B., 2013, "The Global Decline of the Labor Share", *The Quarterly Journal of Economics*, 129 (1): 61 – 103.

[②] 宁光杰、雒蕾、齐伟：《我国转型期居民财产性收入不平等成因分析》，《经济研究》2016 年第 4 期。

[③] 李稻葵、刘霖林、王红领：《GDP 中劳动份额演变的 U 型规律》，《经济研究》2009 年第 1 期。罗长远、张军：《经济发展中的劳动收入占比：基于中国产业数据的实证研究》，《中国社会科学》2009 年第 4 期。

至是唯一的衡量标准。①

使用怎样的收入范围作为中等收入群体的标准并没有定论，它往往取决于一个国家的发展水平，也取决于学术界通常的做法。有学者使用四种不同的界定标准来估算我国中等收入群体的比重。② 他们发现，与发达国家相比，我国中等收入群体比重仍明显偏低。比如，按照欧盟28个国家收入中位数的60%—200%作为界定中等收入群体的上下限，西欧的英德法、北欧的挪威、北美的加拿大等的中等收入者比重都在70%左右；亚洲的韩国、日本的中等收入者比重也都在60%以上；虽然美国的中等收入者比重略低，为55.9%，但高收入者占到30.5%；俄罗斯也达到49.3%。但我国中等收入群体比重仅为24.7%，因此扩大中等收入群体规模任重而道远。我们使用北京大学的中国家庭追踪调查（China Family Panel Studies，CFPS）2018年数据，根据李实和杨修娜的方法计算的2018年我国中等收入群体的收入范围，计算了中等收入群体的规模。如表2-1所示，这一比例略低于李实和杨修娜的计算，但仍显示我国中等收入群体占比较低。

---

① 李实、杨修娜：《中国中等收入人群到底有多少》，2021年，https://www.sohu.com/a/463849546_115479。
② 第一个标准是把全世界200多个国家各年份收入中位数的67%—200%，作为定义我国中等收入群体年收入的上下限。第二个标准是将28个欧盟成员国2018年居民收入中位数的60%—200%，作为定义我国中等收入群体的上下限。第三个标准是国际上引用率较高的Kharas（2010）提出的10—100美元（2005PPP价格）作为界定中等收入群体日收入的下限和上限。第四个标准是我国国家统计局曾采用的定义方式，将2018年价格下家庭年收入（典型的三口之家）介于10万—50万元的家庭定义为中等收入家庭。

表2-1 不同标准下中等收入群体户人均月收入的下限和上限　　单位：元

类别	全世界人口收入中位数的67%—200%（当年价格）	欧盟成员国居民收入中位数的60%—200%（当年价格）	Kharas（2010）日收入10—100美元（2005 PPP）	国家统计局家庭年收入10万—50万（当年价格）
中等收入群体收入下限	2490	4650	1527	2730
中等收入群体收入上限	7410	15480	15270	13710
中等收入群体比例	25.78%	10.28%	47.24%	25.44%
中等收入群体中劳动收入者比例	64.64%	66.11%	68.00%	57.79%

注：根据李实和杨修娜（2021）表1的中等收入群体范围换算，原表为日收入，此处调整为月收入。为贴近当前实际情况，并与李实和杨修娜（2021）使用的年份尽量接近，本表也使用2018年数据。

资料来源：中国家庭追踪调查（China Family Panel Studies，CFPS）数据。

近年来，党中央多次要求"扩大中等收入群体"。2020年10月29日党的十九届五中全会通过的《中共中央关于制定国民经济和社会发展第十四个五年规划和二〇三五年远景目标的建议》提出，"十四五"时期要"着力提高低收入群体收入，扩大中等收入群体"，到2035年实现"中等收入群体显著扩大"。扩大中等收入群体，需要注意到中等收入群体的首要特征是，他们主要是获取劳动收入的普通劳动者。表2-1最后一行报告的是，在2018年CFPS数据中，中等收入群体有多大比例是劳动收入者。结果显示，这一比例高达三分之二，即使根据国家统计局的标准，也有接近60%的中等收入群体是劳动收入者。如果将样本限制为城镇居民，这一比例更高。因此，中等收入群体与普通劳动者有很高的重合度。图2-2从另一个角度论证上述判断。

图2－2基于2007年数据计算的结果显示，中等收入群体比重和劳动收入份额高度正相关，即劳动收入份额越高的省份，中等收入群体比重越高。因此，扩大中等收入群体的关键在于提高劳动收入份额，即增加劳动收入在国民收入中的比重。习近平总书记在2020年第21期《求是》杂志发表的重要文章《国家中长期经济社会发展战略若干重大问题》指出："要把扩大中等收入群体规模作为重要政策目标，优化收入分配结构，健全知识、技术、管理、数据等生产要素由市场评价贡献、按贡献决定报酬的机制。要扩大人力资本投入，使更多普通劳动者通过自身努力进入中等收入群体"。① 这为扩大中等收入群体指明了方向。

通过提高初次分配中劳动收入份额扩大中等收入群体，一是让本来就有工作的人通过工资提升进入中等收入群体，二是让无业者进入劳动力市场，从而获得劳动收入并成为中等收入群体，这也是当前政策的发力点之一。2021年3月5日，十三届全国人大四次会议通过的《中华人民共和国国民经济和社会发展第十四个五年规划和2035年远景目标纲要》指出，要实施扩大中等收入群体行动计划，以高校和职业院校毕业生、技能型劳动者、农民工等为重点，不断提高中等收入群体比重。

---

① 习近平：《国家中长期经济社会发展战略若干重大问题》，《求是》2020年第21期。

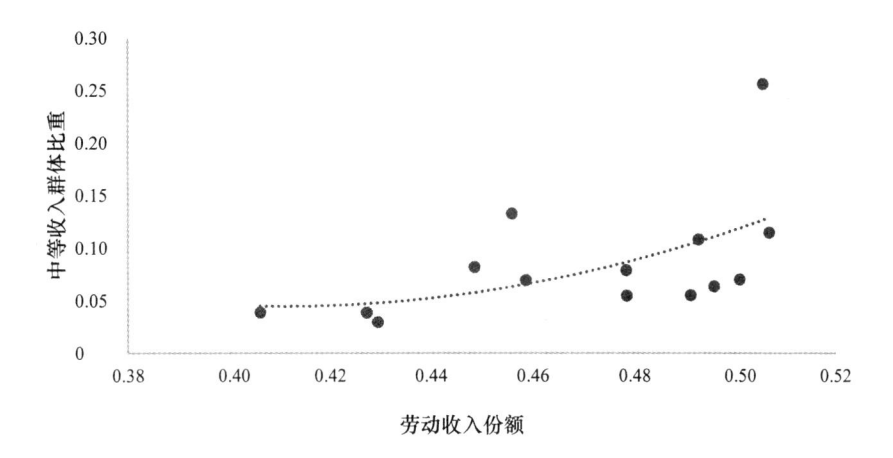

图 2-2 劳动收入份额与中等收入群体比重

注：劳动收入份额根据各省收入法 GDP 计算；中等收入群体比重根据城镇住户调查（Urban Household Survey，UHS）数据，采用李实和杨修娜（2021）的第四条标准计算。UHS 数据截至 2009 年。图中为 2007 年数据，仅包含了 UHS 的样本省（剔除离群点上海）。

资料来源：《中国统计年鉴》和城镇住户调查（Urban Household Survey，UHS）数据。

第二节　国有企业在提高劳动收入份额中的作用研究

一　直接作用：做大做强国有企业，提高经济整体劳动收入份额

国有企业与民营企业的目标函数存在差异。国有企业肩负着稳定就业的社会责任，而民营企业以利润最大化为主要目标，这一差别决定了二者的工资机制存在较大不同。[①] 比如，

[①] 盛丹、陆毅：《国有企业改制降低了劳动者的工资议价能力吗？》，《金融研究》2017 年第 1 期。

有学者通过估计工资方程考察不同所有制的工资决定机制时发现，各种生产要素在国有企业和民营企业的回报率都存在差异，以人力资本为例，农村和城市中民营部门的教育回报率均超过国有部门。[①] 国有企业改制之后，虽然从形式上建立了以企业价值最大化为目标的现代企业制度，但中国特有的政府干预行为在很大程度上削弱了公司治理的有效性，没有根本改变国有企业的政策目标。

国有企业和民营企业在工资机制方面的差别，也可能对劳动收入份额产生影响。施新政等以我国股权分置改革作为自然实验，发现股权分置改革显著降低了上市公司的劳动收入份额。[②] 虽然股权分置改革通过增加外部竞争有助于提高劳动收入份额，但是更多地通过资本流动性增强而减少了国有上市公司中"工资侵蚀利润"的现象。20世纪末开始的国有企业改制，带来了生产率的提高，但降低了劳动收入份额，这是因为国企改革降低了劳动者对于工资的议价能力，[③] 而劳动力议价能力与劳动收入份额具有正相关关系。[④] 此外，周明海等指出地方政府招商引资也不利于要素分配向劳动者倾斜；[⑤] 魏下海等认为我国工会制度相比发达国家还不够完善，对于工人工资

[①] 邢春冰：《不同所有制企业的工资决定机制考察》，《经济研究》2005年第6期。
[②] 施新政、高文静、陆瑶、李蒙蒙：《资本市场配置效率与劳动收入份额——来自股权分置改革的证据》，《经济研究》2019年第12期。
[③] 盛丹、陆毅：《国有企业改制降低了劳动者的工资议价能力吗?》，《金融研究》2017年第1期。
[④] 柏培文、杨志才：《劳动力议价能力与劳动收入占比——兼析金融危机后的影响》，《管理世界》2019年第5期。
[⑤] 周明海、肖文、姚先国：《企业异质性、所有制结构与劳动收入份额》，《管理世界》2010年第10期。

率的提升没有对劳动生产率提升的明显,所以也不利于劳动收入的分配。①

本报告通过两套数据进一步证明这一观点。第一套数据为中国工业企业数据库,该数据库是国家统计局根据样本企业提交给当地统计局的季报和年报汇总而成,包含全部国有工业企业和规模以上(主营业务收入500万元人民币以上)的非国有工业企业,企业数量从1998年的16万家增长到2008年的41万家。聂辉华等比较了工业企业数据库2004年数据和同年进行的第一次全国经济普查数据,发现工业企业数据库当年的样本企业销售额合计19.56万亿元,约占全国当年工业企业销售总额(21.84万亿元)的89.5%;② 根据国家统计局发布的《中国统计年鉴》,2007年规模以上工业企业增加值117048.4亿元,占工业部门总量(125831.4亿元)的93%,因此工业企业数据库的样本企业能够较好地反映中国工业部门的基本情况。③

另一套数据为国泰安的上市公司数据库(CSMAR),共包含3587家上市公司,覆盖证监会行业分类指引(2012年版)中的18个大类行业。相较于工业企业数据库,该数据库的优势在于,一是时效性更强,更能及时反映我国企业的现状,工业企业数据库目前被普遍接受的版本中最新年份也只到2013

---

① 魏下海、董志强、黄玖立:《工会是否改善劳动收入份额?——理论分析与来自中国民营企业的经验证据》,《经济研究》2013年第8期。
② 聂辉华、江艇、杨汝岱:《中国工业企业数据库的使用现状和潜在问题》,《世界经济》2021年第5期。
③ 国家统计局《中国统计年鉴(2007)》,http://www.stats.gov.cn/tjsj/ndsj/2007/indexch.htm。

年，而 CSMAR 上市公司数据库理论上可以更新到最近的财报季度。二是涵盖企业行业全，工业企业数据库只报告国有工业企业和规模以上非国有工业企业，而 CSMAR 上市公司数据库则涵盖所有大类行业。

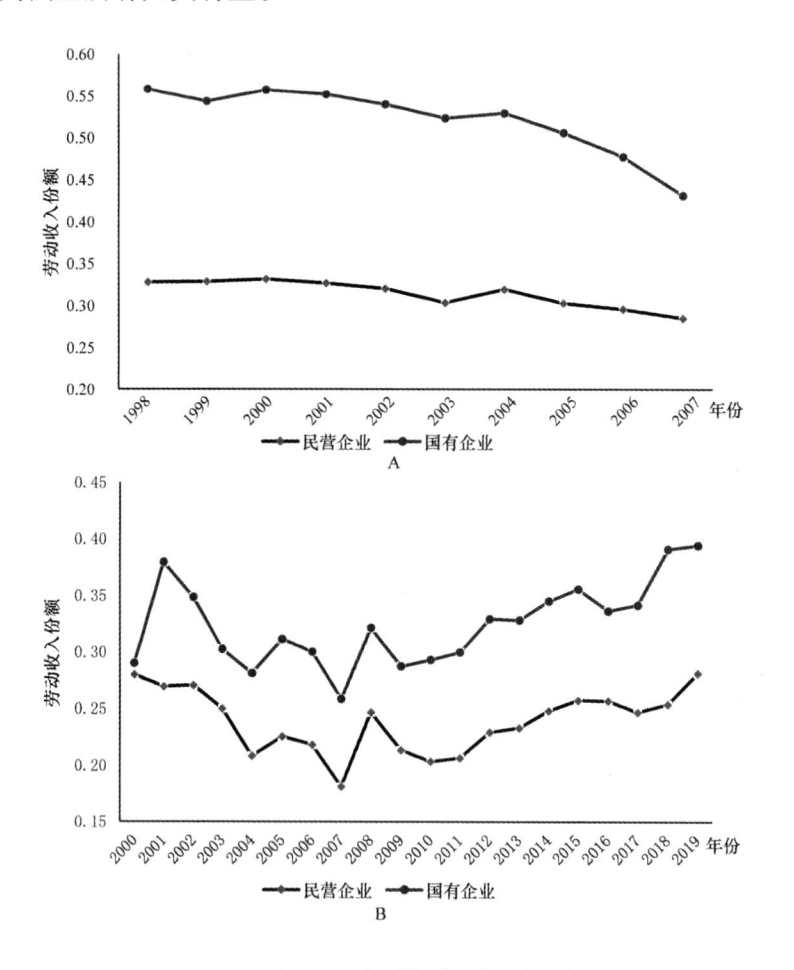

图 2-3 分所有制的劳动收入份额

注：图（A）是根据 1998—2007 年中国工业企业数据库计算的劳动收入份额，劳动收入份额定义为工资与福利之和除以工业增加值。图（B）根据上市公司数据计算，劳动收入份额定义为：员工薪酬总额（"支付给职工以及为职工支付的现金"）除以企业增加值，这里企业增加值定义为"员工薪酬总额 + 固定资产折旧 + 生产税净额 + 营业利润"，其中生产税净额定义为"营业税收及附加 + 增值税" - 纯政府补助。

第二章
国有企业在初次分配中的作用

图2-3使用两套不同的数据计算了不同所有制企业的劳动收入份额,其中(A)根据工业企业数据库计算,(B)根据CSMAR数据库对上市企业计算。

图2-3清晰地传递了两个重要信息。首先,在2008年国际金融危机之前,我国劳动收入份额不断下降,而这一下降趋势在金融危机之后得以逆转。其次,与本报告更为相关的是,国有企业的劳动收入份额系统地高于民营企业。在工业企业中,国有企业劳动收入份额在50%左右,而民营企业则在30%—35%,二者相差15个百分点左右;在上市公司中,二者也相差将近10个百分点。

从图2-3就可以看出,虽然国有企业和民营企业的劳动收入份额在金融危机之前都有下降,但各自的下降并不足以解释经济整体的劳动收入份额的下降。比如,从1998年到2007年,国有企业劳动收入份额从55%下降到43%,共下降12个百分点,根据其就业份额,为同期劳动收入份额下降贡献约4个百分点;民营企业劳动收入份额从33%下降到28%,共下降5个百分点,根据其就业份额,为同期劳动收入份额下降贡献约3个百分点。但样本期间,整个工业部门劳动收入份额下降了约10个百分点,因此仍有3个百分点劳动收入份额下降不是来自国有企业或民营企业内部变化,而是来自部门间的结构性变动:更多就业从劳动收入份额高的国有企业转移到劳动收入份额低的民营企业(图2-4),使得整体劳动收入份额下降了约3个百分点。

根据以上分析,可以考虑通过以下几个方面提高劳动收

◇ 国有企业与促进共同富裕

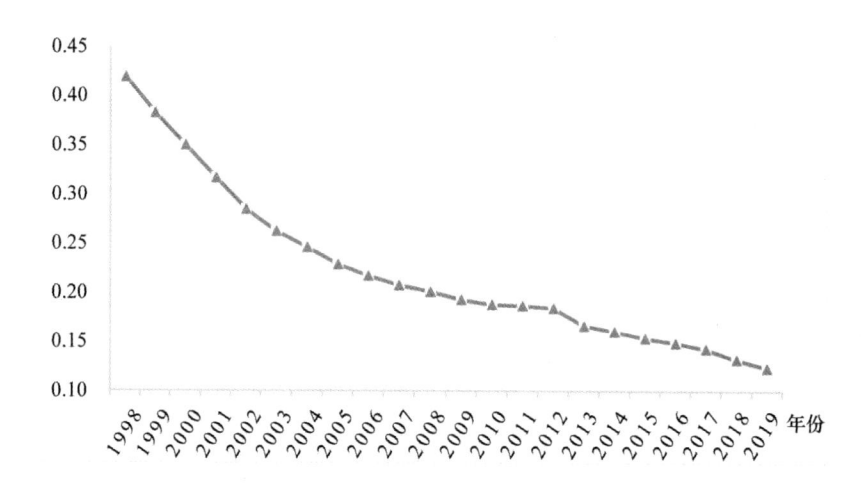

图 2-4　城镇就业中国有企业就业比重

资料来源：CIEC 数据。

份额，扩大中等收入群体。

第一，做优做强做大国有企业。习近平总书记多次强调，"深化国企改革是大文章，国企不仅不能削弱，而且要加强。国有企业加强是在深化改革中通过自我完善，在凤凰涅槃中浴火重生"[1]，"国有企业是壮大国家综合实力、保障人民共同利益的重要力量，必须理直气壮做强做优做大，不断增强活力、影响力、抗风险能力，实现国有资产保值增值"[2]。上述分析指出，工业部门劳动收入份额下降的约三分之一，是由于就业从劳动收入份额高的国有企业流入劳动收入份额低的民营企业，即组间结构效应导致的。当前，国有企业劳动收入份额仍

---

[1] 国务院国有资产监督管理委员会官网：http://www.sasac.gov.cn/n2588020/n2588067/n2590759/n2590765/c4270239/content.html。

[2] 人民网：http://jhsjk.people.cn/article/28523802。

高于民营企业，即使两类企业的劳动收入份额都不变化，只要仍有就业从国有企业流入民营企业，仍会降低经济总体的劳动收入份额。因此要维持总体劳动收入份额稳定甚至稳中有升，需要做大做强国有企业，维持国有部门就业份额稳定。

第二，应赋予国有企业更灵活的用工权利。不少研究指出，国有企业的用工成本高于民营企业。比如，张玉华和路军指出，由于在产权问题、委托代理问题和兼顾社会责任程度等方面的差异，国有企业的平均工资较高，且社会保险缴费比较规范，因而总的用工成本高于民营企业。[①] 另外，国有企业有着较多的冗员情况。白重恩等和廖冠民等计算了各类企业的超额雇员率，都发现国有企业为配合政府稳定就业的目标，有着更多的冗员。[②] 由于国有企业担负着"稳就业"的政治任务，因此清退员工非常困难。如果能赋予国有企业更灵活的用工权利，尤其是清退不合格员工的权利，那么国有企业的劳动生产率将有所提升，与此相关，劳动者报酬与劳动收入份额也将进一步提高，从而可拉动经济整体的劳动收入份额有所提升。

第三，寻求"最优"的劳动收入份额。劳动收入份额关系着企业的用工成本，当然不是越高越好。用工成本过低，是对劳动力权益的直接损害，有违社会主义和国有企业发展初衷；但当用工成本过高时，不利于企业增长，从而在长期也将损害

[①] 张玉华、路军：《社会保险费率调整对企业用工成本的影响》，《山东社会科学》2019年第8期。

[②] 白重恩、刘俏、陆洲、宋敏、张俊喜：《中国上市公司治理结构的实证研究》，《经济研究》2005年第2期。廖冠民、沈红波：《国有企业的政策性负担：动因、后果及治理》，《中国工业经济》2014年第6期。

劳动者利益。本报告建议提高劳动收入份额，是因为整体而言我国劳动收入份额低于世界上许多其他国家。已有文献对近年来我国劳动收入份额的测算结果集中在 0.4—0.6，而 Gollin 测算的世界平均劳动收入份额的范围在 0.6—0.7，即我国劳动收入份额明显低于世界平均水平。[①] 吕光明利用多国数据进行测算的结果也显示，我国劳动收入份额比发达国家的平均水平低 10 个百分点，比其他发展中国家的平均劳动收入份额低 5 个百分点。[②] Karabarbounis 和 Neiman 对 1975—2012 年公司部门的劳动收入份额进行测算，发现美国、日本和德国的劳动收入份额变化在 0.6—0.65 波动；而我国劳动收入份额在 0.35—0.45 波动。[③] 我们一再强调，不能盲目提高劳动收入份额，而是以经济社会的总体收益和长期利益为根本，寻找最优的劳动收入份额，而国际比较也说明我国劳动收入份额仍有上调空间。

二 间接作用：发挥国有企业引导功能，提高经济整体劳动收入份额

在完全竞争市场，企业根据市场状况和自身生产技术、组织运营条件等做出投入产出决策，与其他企业行为关系不大。但完全竞争市场几乎仅存在于理论中，现实中的市场结构在很

[①] Gollin, D., 2002, "Getting Income Shares Right", *Journal of Political Economy*, 110 (2): 458 – 474.
[②] 吕光明：《中国劳动收入份额的测算研究：1993—2008》，《统计研究》2011 年第 12 期。
[③] Karabarbounis, L. and Neiman, B., 2013, "The Global Decline of the Labor Share", *The Quarterly Journal of Economics*, 129 (1): 61 – 103.

大程度上偏离完全竞争假设，因而企业间的策略互动是企业决策的重要内容。其中，企业的要素投入无疑也会受到其他企业的影响，尤其是具有直接竞争关系的企业的影响。一般而言，由于产品市场和资本市场越来越全国一体化，甚至全球一体化，因而企业的定价策略、融资策略受到同行业企业的直接影响。劳动力市场略有不同，其主要差别在于劳动迁移成本远高于产品运输成本与资本流动成本，因此劳动力市场较商品市场和资本市场更为"本地化"。这就决定了企业的劳动投入决策更多地受到本地同行业企业的影响，而较少受到其他地区同行业企业的影响。

企业间劳动投入决策的互动，为国有企业发挥其在初次分配中的作用提供了机会。根据蔡昉等的研究，我国在2005年前后已经初步建成了运作完善的劳动力市场，劳动者能够根据工资福利、职业前景、生活便利性等因素自主择业；2008年新劳动法的实施，进一步保障了劳动者的就业权利和择业自由。[①] 因此，理论上不同企业间的工资水平的相互影响将更加强烈，从而，国有企业通过提高自身生产效率，为企业员工提供更高的工资福利待遇，将对民营企业形成一定的压力，从而使得民营企业提高劳动收入份额，进而扩大并增强中等收入群体。

当然，上述分析仅是逻辑推演，而这一逻辑是否成立仍有

---

① 蔡昉、Albert Park、赵耀辉：《改革中的中国劳动力市场》，载勃兰特和罗斯基编《伟大的中国经济转型》，格致出版社、上海人民出版社2009年版。第140—181页。

待数据检验。为此，我们使用1998—2007年中国工业企业数据库进行验证。首先，我们计算出企业层面的劳动收入份额，定义为工资与福利之和除以增加值。以收入法增加值为基准，并以生产法增加值作为替代性指标来分析结果的稳健性。其次，我们把"省份—行业—年份"当成一个观测单元，计算每一观测单元内国有企业和民营企业劳动收入份额的均值和中位数。之所以考虑省份和行业的因素，是因为劳动力的跨区域流动和跨行业流动都存在较高的成本，企业在劳动力市场的竞争压力也主要来自本地同行业的企业。最后，我们使用分组散点图来分析上述均值（或中位数）的相关性。如图2-5所示，国有企业和民营企业的劳动收入份额高度正相关，说明不同所有制企业的劳动决策密切相关，因此国有企业以其稳定的、较高的劳动收入份额，通过劳动力市场的竞争，对民营企业产生影响，从而提高经济整体的劳动收入份额。

为了具体分析这一影响的大小，对上述四组变量，我们分别进行回归分析。回归结果报告在表2-2，各列系数均在1%水平下显著为正，再次验证了国有企业和民营企业劳动收入份额的高度相关性。国有企业劳动收入份额的系数大小在0.4左右，意味着如果国有企业劳动收入份额提高1个百分点，民营企业劳动收入份额提高约0.4个百分点，这一结果具有很强的经济显著性，也表明国有企业通过提高自身劳动收入份额来影响民营企业劳动收入份额，从而改善经济整体的初次分配状况是可行的。

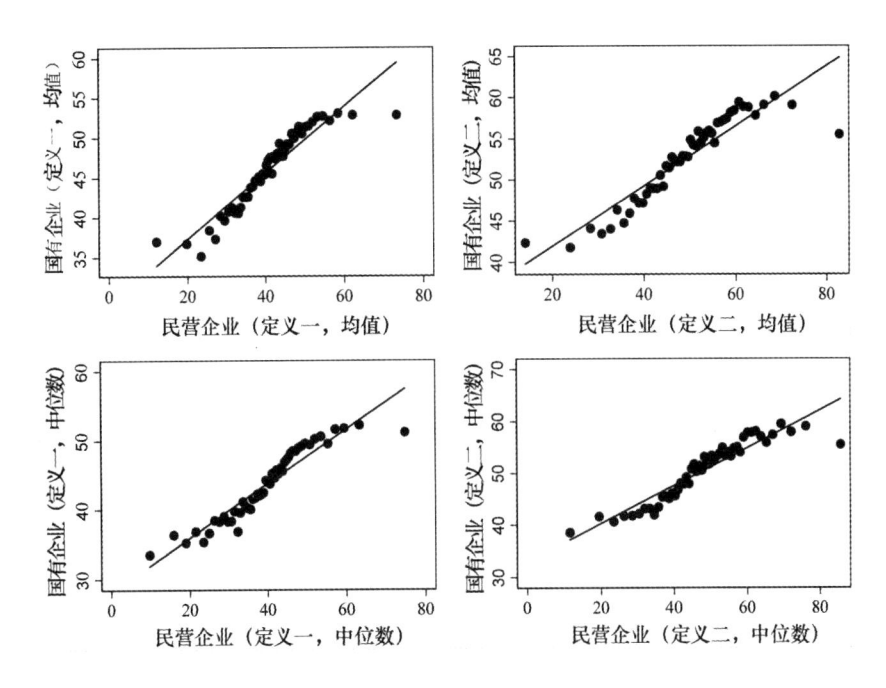

图 2-5 国有企业与民营企业劳动收入份额的联系

注：根据1998—2007年工业企业数据库计算，并使用 Binscatter 制图。其中劳动收入份额的定义一使用收入法增加值，定义二使用生产法增加值。
资料来源：中国工业企业数据库。

表 2-2　　国有企业与民营企业的联系：劳动收入份额

	民营企业劳动收入份额			
	定义一均值	定义二均值	定义一中位数	定义二中位数
	（1）	（2）	（3）	（4）
国有企业劳动收入份额	0.367***	0.363***	0.385***	0.378***
	（0.008）	（0.009）	（0.009）	（0.009）
观测值	11167	11167	11167	11167
R^2	0.625	0.620	0.634	0.610

注：劳动收入份额根据1998—2007年工业企业数据库计算，其中定义一使用收入法增加值，定义二使用生产法增加值。回归控制省份、二位数产业和年份固定效应。
*、** 和 *** 分别表示在10%、5%和1%水平下显著。
资料来源：中国工业企业数据库。

劳动收入份额为劳动者总收入占增加值的比重，而劳动者总收入等于劳动者平均收入与就业人数之积。因此，在确认国有企业和民营企业的劳动收入份额密切相关后，我们进一步考察这种联系是源于劳动者平均收入还是就业人数。表2-3报告了回归结果。前两列的结果显示，国有企业与民营企业的平均劳动收入高度正相关，国有企业的平均劳动收入提高1%，民营企业相应提高0.4%以上。后两列是就业人数的情况，民营企业与国有企业的就业人数也正相关，但相关系数小于使用劳动收入计算的相关系数。以上结果表明，国有企业与民营企业劳动收入份额的高度相关，主要源于劳动收入而非就业人数，这也与前文的逻辑推测一致，即国有企业如果提供较高的薪酬，民营企业也会跟进，以取得劳动力市场的竞争力。

表2-3 国有企业与民营企业的联系：劳动收入和就业人数

	民营企业变量			
	平均劳动收入均值	平均劳动收入中位数	平均就业人数均值	平均就业人数中位数
	(1)	(2)	(3)	(4)
国有企业变量	0.446***	0.401***	0.091***	0.089***
	(0.005)	(0.005)	(0.006)	(0.006)
观测值	10014	10014	11081	11081
R^2	0.427	0.386	0.507	0.457

注：根据1998—2007年工业企业数据库计算。回归控制省份、二位数产业和年份固定效应。*、** 和 *** 分别表示在10%、5%和1%水平下显著。

资料来源：中国工业企业数据库。

更进一步，我们将劳动收入分为工资和福利两部分，来分析哪一部分在起主导作用。按照相似的分析方法，表2-4报告了回归结果。比较前两列平均工资的分析和后两列平均福利的分析，明确的信息是，国有企业和民营企业之间，工资的联系更加紧密：国有企业平均工资提高1%，民营企业将提高0.4%左右；相较而言，福利支出的弹性仅在0.1左右。对此也易于理解，不同企业的工资待遇更加透明，容易比较；而福利支出则有多种不同的形式，难以直接比较。因此，国有企业通过提高员工工资而非福利支出，对民营企业的带动作用更强。

表2-4　　　国有企业与民营企业的联系：工资和福利

	民营企业变量			
	平均工资均值	平均工资中位数	平均福利均值	平均福利中位数
	（1）	（2）	（3）	（4）
国有企业变量	0.445***	0.397***	0.106***	0.086***
	(0.005)	(0.005)	(0.008)	(0.007)
观测值	10014	10014	9997	9997
R^2	0.419	0.375	0.585	0.599

注：根据1998—2007年工业企业数据库计算。回归控制省份、二位数产业和年份固定效应。*、**和***分别表示在10%、5%和1%水平下显著。
资料来源：中国工业企业数据库。

以上分析比较明确地指出国有企业可以影响民营企业劳动收入份额的具体机制：国有企业如能不断提高生产效率，从而提高劳动者报酬（尤其是工资），将对本地同行业民营企业产生引导作用，督促民营企业也提高劳动力报酬，进而扩大中等收入群体，并提高中等收入群体质量。为了畅通这一传导机制，我们有如下建议。

首先，高标准建立统一的劳动力市场。"一价定律"成立的前提条件是没有交易费用，同理，劳动力市场上如果不存在工作转换成本，企业间的工资差异将更多地由劳动力自身生产率特征（教育、工作经验等）来决定，而不是由其他非市场性因素来决定。唯有在这种条件下，国有企业的工资才能够更有效地影响民营企业的工资，国有企业的劳动收入份额才能够更有效地引导民营企业的劳动收入份额。当前我国劳动力市场虽然总体上运行良好，但仍存在一些结构性问题。比如，行业间、地区间和企业部门与政府部门之间都存在一些劳动力错配的问题。① 而消除这些错配得以存在的制度基础，即高标准建立全国统一的劳动力市场，可以更好地发挥国有企业在劳动力市场的主导作用。

其次，更好地保护劳动者权利。高标准的劳动力市场是国有企业工资（和劳动收入份额）影响民营企业工资（劳动收入份额）的前提条件。要使这一影响切实发生，仍需进一步保护劳动者权利。这是因为，在现实经济中，企业的工资除了受到自身生产经营活动和竞争对手策略的影响，还受到诸多其他因素的影响。比如，企业违反《劳动法》相关规定，侵犯劳动者权利的事件时有发生，"996"工作制、福报论等现象层出不穷。再如，当前资本流动性大于劳动流动性的背景下，企业作为资本方，具有更强的谈判能力，从而可以压低劳动者报酬和劳动收入份额。② 因此，在建立高标准的统一的劳动力市场为

---

① 陆铭：《教育、城市与大国发展——中国跨越中等收入陷阱的区域战略》，《学术月刊》2016年第1期。李世刚、尹恒：《政府—企业间人才配置与经济增长——基于中国地级市数据的经验研究》，《经济研究》2017年第4期。
② 董丰、申广军、焦阳：《去杠杆的分配效应——来自中国工业部门的证据》，《经济学（季刊）》2020年第2期。

劳动力自由流动提供社会基础后,也应通过保护劳动力合法权利,使劳动力自由流动成为切实可行的选择。

第三节 国有企业在扩大就业中的作用研究: 广药集团的案例分析[①]

广州医药集团有限公司(简称"广药集团")为国有资产独资公司,主要业务包括中成药及植物药,化学原料药及制剂、生物药、大健康产品等的研发及制造等,连续九年蝉联中国制药工业百强榜单第一位,广东省制造业100强第七位。作为大型国有企业,广药集团积极响应国家"脱贫攻坚"与"乡村振兴"等号召,在促进乡村地区劳动力就业中发挥重要作用,于2021年2月荣获"全国脱贫攻坚先进集体"称号。

一 广药集团近年来在带动就业、促进收入水平提升方面所做的努力

(一)积极响应国家"扶贫"号召,推动"造血式"产业帮扶

广药集团扶贫历程可以分为三个阶段:第一轮从2010年

---

① 2016年4月27日,习近平在安徽调研时指出,随着供给侧结构性改革不断推进,会有一些国有企业职工下岗,要更加关注就业问题,创造更多就业岗位,落实和完善援助措施,通过鼓励企业吸纳、公益性岗位安置、社会政策托底等多种渠道帮助就业困难人员尽快就业,确保零就业家庭动态"清零"。见 http://www.xinhuanet.com//politics/2016-04/27/c_1118755313.htm。因此,本节并不分析国有企业自身扩大就业问题,而是聚焦于国有企业对其他就业形式的促进作用。

的1月1日开始到2012年年底,一共持续三年时间,这一轮是"双到"扶贫,"双到"是指"规划到户、责任到人"。重点关注贫困户人均收入及村集体经济收入两个指标。第二轮从2013年到2015年,在第一轮的基础上更加关注农村贫困户泥砖房的改造。第三轮从2016年5月开始到2020年年底结束,从"双到"转为"双精准"。在这一系列脱贫攻坚的过程中,广药集团立足于市场化,积极推动产业扶贫,采用"扶贫+扶智+扶志"理念带动失业人口就业并提升贫困人口收入。

1. 探索"刺梨"新产业,提升贵州贫困人口收入水平

贵州省野生资源刺梨被称为"维生素C之王",但其商业价值一直未被挖掘,广药集团于2018年年底接到帮扶贵州刺梨产业发展的指示后,在98天内高效推出了"刺柠吉"系列产品,从线下的刺梨采购到刺梨产品的加工,再到借助线上的"广药+林丹"的"林丹妙药"话题热议为"刺柠吉"进行宣传推广,已经构建起一条完整的"刺梨产业链",有效地带动了当地居民收入水平的上升与就业扩大。"刺柠吉"系列产品于2019年实现销售收入1亿元,2020年突破5亿元,极大地带动了当地刺梨产业的发展。贵州省工信厅数据显示,贵州刺梨生产加工销售收入提高了30%以上,且带动从事刺梨加工生产的企业数量同比增长50%,刺梨相关品牌注册量增幅超过80%,贵州刺梨种植面积已超200万亩,刺梨种植受益农户6.5万户、21.7万人,户均增收7000元。仅2019年,刺梨产业的生产车间直接解决120位农民就业,其中包含山区移民户45人、建档立卡户贫困户12人,极大地带动了当地失业人口

的就业。

2. 村企共建农民夜校，以中药种植产业发展促进梅州就业水平提升

"智志双扶"是广药集团扶贫的着力点，从2016年开始，广药集团先后投入1000多万元帮助广东省梅州市贫困村脱贫，主要采取了"扶智"与"扶志"的双扶策略。一方面，广药集团以村企共建的形式，先后在三个梅州帮扶村建成农民夜校，举办了各类技能培训，提升了当地农民的种植技能。促进了其劳动者向人力资源的有效转化。另一方面，广药集团对梅州市松原镇径口、湾溪、园岭三个相对贫困村开展对口帮扶，结合当地产业特点，重点支持烟叶和柚果种植业发展，形成了种植烟叶750亩、种植柚树8.7万棵的规模。并在广州（梅州）产业转移工业园动工兴建全球最大的凉茶原液提取基地以及采芝林中药产业服务基地，初步统计解决了当地劳动力就业600多人，并带动相关中药种植产业发展超1万亩，推动梅州中医药产业化进程，真正打造了"广药集团不走的扶贫队"。

3. 组织开展中西部产业帮扶，助力区域经济发展

除了对贵州、广东梅州的对口帮扶外，广药集团还积极组织了与中西部的甘肃、西藏、四川、云南等十多个地区以"公司+基地+农户"模式开展当地优势药材种植产业发展，推动当地居民就业与收入的提升。

广药集团于2008年开展援藏工作，积极构建中药材GAP种植基地，并投资建成了广药白云山藏式养生古堡，推动了当地的发展。并在2008年四川雅安7.0级地震后第一时间输送

物资进行援助，进而由"输血"援助模式转向"造血"援建模式，在雅安投资3亿元建设了大型生产基地。2018年与甘肃省签订战略协议，在甘肃两当县、华池县等四个县设立"扶贫车间"，通过药材种植、采购与深加工进行特色产业扶持；并在兰州建设王老吉大健康生产基地，在陇西建设广药白云山中药科技产业园，打造集中药饮片生产、研发中心建设、现代中药材物流体系、中药标准制定等功能为一体的产业基地。通过一系列投资援助，推动各地区产业的发展以及劳动力就业水平的提升。

（二）巩固"脱贫"成果，布局乡村振兴

在"脱贫攻坚"顺利完成的基础上，广药集团宣布设立全国首个乡村振兴基金——"刺柠吉"十亿乡村振兴基金，完善巩固刺梨产业链构建前期成果，全面助力乡村振兴，首个落地项目是联合惠水县合力建设刺梨产业科创中心、"好花红刺梨文化原点村寨"、新农人培训班、刺梨种植基地、惠水王老吉凉茶博物馆等。广药集团努力推动以产业发展带动就业，以产业促进人民生活的提升，从而积极发挥国有企业在乡村振兴战略中的重要价值。

二 从广药集团看国有企业在带动就业中发挥的作用

从"脱贫扶贫"的积极响应，到"乡村振兴"的高效布局，广药集团发挥了国有企业的自身的价值，带动了产业的发展与劳动力的就业，其主要作用与价值的发挥主要包括以下几个方面。

（一）原材料深加工延展产业链创造就业机会

广药集团在扶贫工作中并未单纯进行"输血"，而是通过调研发现地方优势产业与资源，基于市场规律与国企自身的实力积极"造血"。从贵州的"刺柠吉"产业链、梅州的凉茶原液提取基地，再到甘肃、西藏等地的中医药药材产业基地的构建，均反映了广药集团积极构建完善的采购、加工、销售的全产业链系统的优势与价值，有效深化扩展了产业链，创造了就业机会，进而提升了就业水平。

（二）扶贫又"扶智"提高劳动力素质促进就业

"授人以鱼不如授人以渔"，广药集团并非单纯组织劳动力生产与加工，还在梅州帮扶村建成3个农民夜校，举办各类技能培训，例如邀请科研院所专家等为当地村民授课讲述烟草种植新技术等，创新劳动力生产技能并提高劳动力素质，提升了劳动力的生产力水平，最终促进其就业与收入水平的上升。

（三）带动民营企业进入产业链以创业促进就业

很多产业在前期市场价值不明显或者不确定性大时，民营企业没有实力做，或者不愿做不愿投入。广药集团充分发挥国企的资金优势、人才优势与奉献精神进行开拓，在进行市场调研与评估后立足市场化机制积极推动产业的发展，紧接着带动民营企业的参与，推动国有资本与民营资本的协同配合及竞争性的、生机勃勃的产业体系的形成。如在广药集团王老吉"刺柠吉"系列产品上市的带动下，贵州不少企业开始积极发展刺梨乡村旅游、刺梨采摘节、专题刺梨元素饭店等，申请注册刺梨为元素的商标呈倍数增长，为贵州刺梨产业发展注入了新活力,最终促进了劳动力的就业与劳动收入水平的提升。

三 进一步发挥国有企业带动就业作用的建议

(一)发挥独特优势,形成优势互补

广药集团促进就业的成功因素之一,是双方都存在各自的优势。广药集团在品牌、生产、销售等环节有着巨大的优势,贵州、梅州等地在产业与资源方面有着独特的优势。双方以优势对接,形成"帕累托改进"的战略合作,而不是一方受损一方得利的"零和博弈"。这种战略合作,短期内促进贵州、梅州等地的非劳动力进入劳动力市场,扩大了潜在的中等收入群体。长期来看,广药集团获得新的产品和市场,也会提升广药集团的就业容量。因此,从广药集团的案例来看,国有企业进一步发挥促进就业的功能,最主要的一点是确保双方共同获益,而其前提条件在于双方优势互补。

(二)培育要素价值,挖掘内生增长潜力

广药集团促进就业,不仅在于延长产业链、开发新产品等带来的直接就业,还在于"授人以渔",通过技能培训来提高劳动所附含的价值。通过培育并提升要素价值,一方面,提高了劳动生产率,有助于双方的战略合作可持续发展,另一方面,提高了劳动者的就业韧性,使其能更好地应对就业市场波动,从而赋予劳动者获取收入增长的长期潜力。在按要素分配的政策制度下,这有助于扩大中等收入群体,改善长期收入分配格局。

(三)加强信息共享,提高资源匹配效率

要充分发挥国有企业促进就业的功能,不能仅靠少数几家企业的成功,而需要更多的企业参与和更多的合作模式。要形成这种良好的局面,最大的障碍之一是信息问题。即使双方都存在优势,但仍会由于信息问题很难匹配,从而难以形成有效率的战略合作。因此,应当通过建立常态化沟通渠道和机制,或建设产业供需信息发布平台,加强企业和地方的信息交流,促进更多的企业和地方形成优势互补的合作关系,进一步发挥国有企业促进就业的作用。

第四节　国有企业在改善企业内部收入分配差距中的作用研究

一　企业内部收入分配现状

企业内部收入分配是国民收入初次分配的重要表现形式。企业高管与员工之间合理的薪酬差距能够激发员工劳动积极性、激发职业经理人充分发挥管理才能,从而促进公司绩效提升,[1] 并提升经济总量和国民整体收入水平。然而,过大的薪酬差距将使得员工通过对比产生不公平感,降低工作效率与企

---

[1] Jensen, M. C. and Murphy, K. J., 1990, "CEO Incentives-It's Not How Much You Pay, but How", *Harv Bus Rev*, 68 (3): 138 – 149. Su, L., 2012, "Managerial Compensation Structure and Firm Performance in Chinese PLCs", *Asian Business & Management*, 11 (2): 171 – 193. 胥佚萱:《企业内部薪酬差距、经营业绩与公司治理——来自中国上市公司的经验证据》,《山西财经大学学报》2010 年第 7 期。项慧玲:《独立董事海外背景、内部薪酬差距与企业绩效》,《华东经济管理》2019 年第 10 期。王玉霞、王浩然、张容芳:《上市公司薪酬差距对公司绩效的影响——基于股权集中度的中介效应》,《经济问题》2021 年第 3 期。

业经营绩效,[①] 从而造成显著的GDP损失。[②]

与理论相一致,国有企业高管薪酬政策体现了不同时期国家对企业收入分配的效率与公平权衡问题的有针对性的指导意见。从1986年《关于深化企业改革增强企业活力的若干规定》的发布一直到2006年9月《国有控股上市公司（境内）实施股权激励试行办法》的下发,在此过程中国有企业高管薪酬的管制不断放松,出现了高管薪酬逐渐与企业业绩相脱钩,以及高管薪酬与普通职工的薪酬差距越来越大的现象,并在2007年前后相继曝出了高管天价薪酬问题,例如,2007年伊利的净利润不能覆盖公司股权激励费用,等等。在2008年国际金融危机后,众多公司的高管薪酬不降反升更是进一步刺激了公众的神经。之后,2009年9月《关于进一步规范中央企业负责人薪酬管理的指导意见》下发,对高管薪酬的管制开始逐步收紧,指导意见中规定央企高管的薪酬应当与上年度在岗职工的平均工资相挂钩,并且二者之间的倍数不能超过20。

与政策方向一致,数据显示我国企业内部高管—员工薪酬差距也展现出了先扩大后缩小并在近年来有再次扩大的趋势。图2-6展示了2003—2020年国有企业与非国有企业前三位高管平均薪酬与员工平均薪酬的比值,图形显示,国有企业内部

[①] Carpenter, M. A. and Sanders, W. G., 2004, "The Effects of Top Management Team Pay and Firm Internationalization On MNC Performance", *Journal of Management*, 30 (4): 509 – 528. Fredrickson, J. W., Davis – Blake, A. and Sanders, W. G., 2010, "Sharing the Wealth: Social Comparisons and Pay Dispersion in the CEO's Top Team", *Strategic Management Journal*, 31 (10): 1031 – 1053. 张正堂:《企业内部薪酬差距对组织未来绩效影响的实证研究》,《会计研究》2008年第9期。刘张发、田存志、张潇:《国有企业内部薪酬差距影响生产效率吗》,《经济学动态》2017年第11期。

[②] 袁堂梅:《高管薪酬差距与GDP损失》,《宏观经济研究》2020年第11期。

高管—员工薪酬差距在绝大多数时期均低于非国有企业,展现出国有企业在企业内部收入分配公平上的示范引导作用。

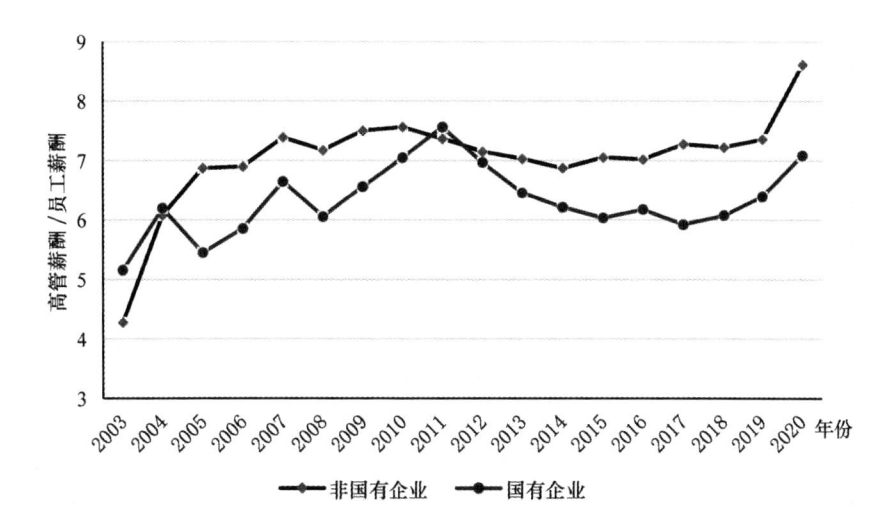

图 2-6　国有企业与非国有企业高管与员工薪酬差距对比

注：员工平均薪酬通过现金流量表中为员工支出的现金流减去前三位高管的薪酬,除以年末财报中披露的员工总数并减去前三位高管计算所得;剔除前三位高管平均薪酬低于公司平均员工薪酬的样本。

资料来源：CSMAR 上市公司数据库。

表 2-5 报告了 2003—2020 年国有企业与非国有企业内部高管—员工薪酬差距的差值与 t 检验 p 值。结果显示,2003—2020 年,国有企业高管—员工薪酬差距在 12 个样本期间（年）均显著低于非国有企业,进一步印证了国有企业在企业内部收入分配公平上的示范引导作用。

表 2-5　国有企业与非国有企业：高管—员工薪酬差距

年份	国有企业—非国有企业	p 值	观测值
2003	0.874	(0.512)	45
2004	0.116	(0.952)	27

续表

年份	国有企业—非国有企业	p值	观测值
2005	-1.423***	(0.000)	1229
2006	-1.044***	(0.001)	1291
2007	-0.744**	(0.032)	1421
2008	-1.119***	(0.000)	1492
2009	-0.939**	(0.011)	1595
2010	-0.517	(0.159)	1950
2011	0.194	(0.605)	2203
2012	-0.182	(0.591)	2359
2013	-0.577	(0.103)	2389
2014	-0.662*	(0.055)	2494
2015	-1.022***	(0.005)	2667
2016	-0.846**	(0.011)	2948
2017	-1.354***	(0.000)	3308
2018	-1.151***	(0.001)	3377
2019	-0.971***	(0.009)	3524
2020	-1.525**	(0.016)	1559

注：员工平均薪酬通过现金流量表中为员工支出的现金流并减去前三位高管的薪酬，除以年末财报中披露的员工总数并减去前三位高管计算所得；剔除前三位高管平均薪酬低于公司平均员工薪酬的样本。

资料来源：CSMAR 上市公司数据库。

二 企业内部收入分配的改革方向

改革开放以来，中央管理企业负责人薪酬制度改革取得积极成效，对促进企业改革发展发挥了重要作用，同时也存在薪酬结构不尽合理、薪酬监管体制不够健全等问题。要从我国社会主义初级阶段基本国情出发，适应国有资产管理体制和国有企业改革进程，逐步规范国有企业收入分配秩序，实现薪酬水平适当、结构合理、管理规范、监督有效，对不合理的偏高、过高收入进行调整。中央企业负责同志肩负着搞好国有企业、壮大国有经济的使命，要强化担当意识、责任意识、奉献意识，正确对待、积极支持这项改革。2021年1月19日，国务院国有企业改革领导小组办公室印发《"双百企业"和"科改示范企业"超额利润分享机制操作指引》（以下简称《指引》），旨在增强国有企业内部激励并规定企业高级管理人员岗位合计所获得的超额利润分享比例一般不超过超额利润分享额的30%。《指引》的颁布表现了国家积极引导激发国有企业内部活力的同时，引导其发挥在促进企业内部收入分配公平中的示范带头作用。

第三章
国有企业在收入再分配中的作用

　　赚取利润是现代企业追求的主要目标之一，也是国有资本保值增值的重要途径。随着国有企业改革的不断深化，国有企业生产经营状况不断改善，近五年来我国国有企业利润总额和成本费用利润率有明显的提高，如图 3-1 所示。2016 年之前国有企业利润总额较为平稳，成本费用利润率甚至有小幅下降，而 2017 年之后利润总额和成本费用利润率显著提高，尽管 2020 年受到新冠肺炎疫情和国际形势的影响有所降低，但随着疫情的好转和国际贸易的复苏，未来国有企业的利润将有望进一步增长。

　　党的十九届四中全会重申，增进人民福祉、促进人的全面发展是我们党立党为公、执政为民的本质要求。在推进国有经济布局优化和结构调整、做强做优做大国有资本的同时，合理分配国有企业利润，使改革发展成果更多更公平惠及全体人民也是学术各界和政策制定者关注的重要话题。研究国有企业利润分配对收入分配的作用机制，完善利润分配规则，进一步实现国有资本收益的全民共享是非常有必要的。

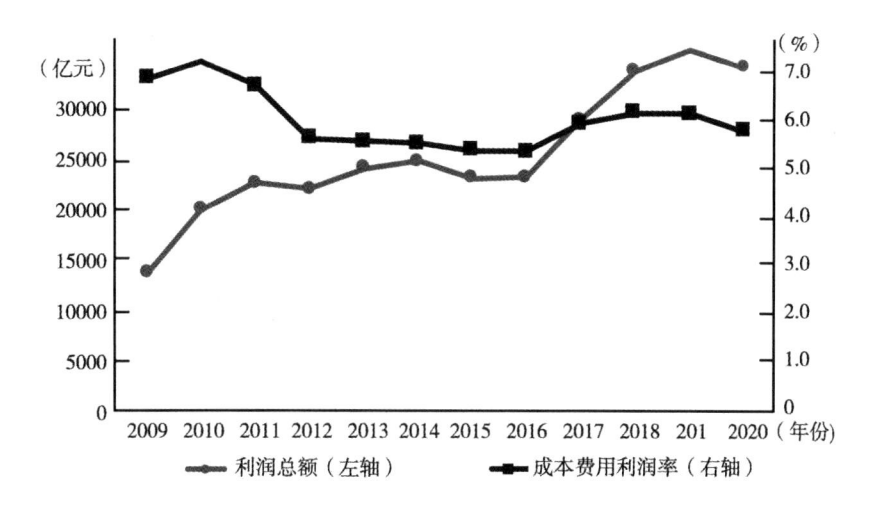

图 3-1 我国国有企业利润总额和成本费用利润率

注：此处成本费用利润率为利润总额除以营业总成本。

资料来源：根据2009—2020年全国国有及国有控股企业经济运行情况整理得出。

第一节 国有企业利润分配对收入分配的作用机制研究

改革开放以来，我国国有企业经历了企业基金制度、利润留成制度、利改税、分税制、分类上缴等一系列改革，利润分配规则由全额上缴利润逐步过渡为不需上缴利润，又在2007年后改为分类上缴制，现今国有企业利润分配规则仍在进一步改革之中。从国有企业利润的直接去向上看，国有企业利润分配调节收入差距的直接途径有三个：一是缴纳税收，可以增加财政收入，为政府收入再分配政策提供资金来源，见图3-2中的路径①；二是上缴利润或分配股息红利，可以增加国有资本经营收入，为国有资本经营支出提供资金来源，并进一步增加财政收入，提供政府再分配资金来源，见图3-2中的路径②；三是保留利润，保留利润进入国有资本权益，能够增加全民国有资本福利水平，见图3-2中的路径③。另外，根据国有资本累计利润的使用和利润决定机制，可以得到国有企业利润分配调节收入差距的两个间接途径：一是国有资本的划转和使用——国有资本划转（例如国有资本划转至社会保障部门），实现国有利润直接保障民生的作用，见图3-2的路径④；二是公益性垄断国有企业的生产经营——包括民生类商品降低价格和保障类生产增加投入，对保障性物品实行特殊定价机制和投入决策机制，降低基本生活用品的价格波动，提高低收入居民的实际收入购买力，见图3-2的路径⑤。以下对上述五个作用机制进行详细论述。

一 缴纳税收

税收是指国家为了向社会提供公共产品、满足社会共同需要，按照法律的规定，参与社会产品的分配、强制、无偿取得财政收入的一种规范形式。企业所得税是企业在取得应税收入后需要缴纳的重要税种之一。我国企业所得税的标准税率为25%，另外还有多档低税率和其他类型税收优惠。而根据全国国有及国有控股企业经济运行情况，2018—2020年国有企业利润总额每年平均为34687亿元，利润总额与净利润之间的差额平均每年为9443亿元，后者占利润总额的比例超过27%，

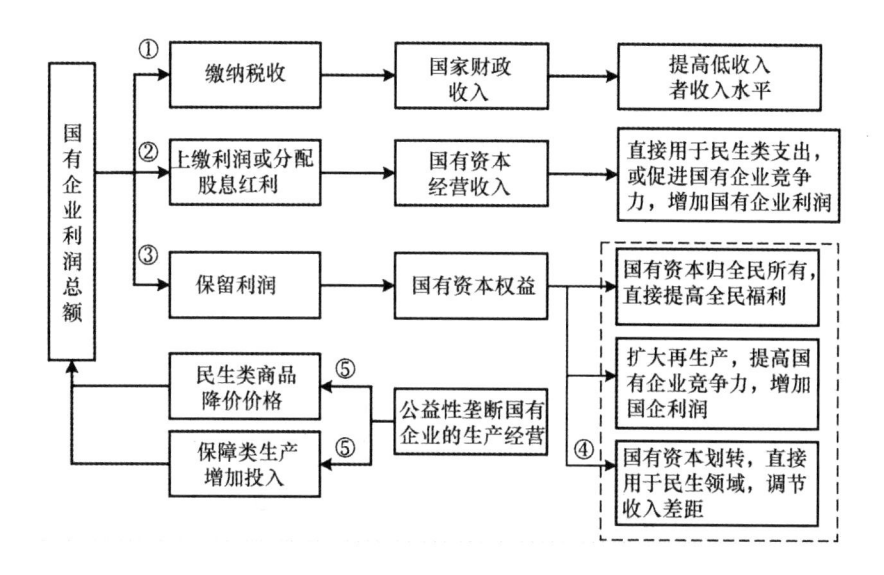

图 3-2 国有企业利润分配对收入差距的调节路径

这其中主要为企业所得税。

以上市公司为例，可以看出国企在缴纳企业所得税方面的贡献。图 3-3 为上市公司 2003—2019 年企业平均所得税税率（企业应缴所得税/企业利润总额）的变化情况，可以看出国有企业的平均所得税税率始终高于非国有企业约 3 个百分点。

图 3-4 显示了分企业规模和分产业的企业平均所得税税率情况。首先，从总体来看，不管是国有企业还是非国有企业，企业规模越大平均税率越高；企业规模较小时（营业收入低于全部样本的 25% 分位数的企业），国企和非国企的税率差异并不大；其次，第一产业农业整体承担的税率都较低，由于农业部门缴纳企业所得税较低，此处的国有企业和非国有企业的差异不是十分显著；第二产业中，国有企业水平显著高于非国有企业；第三产业中，国有企业税率略高于非国有企业，但

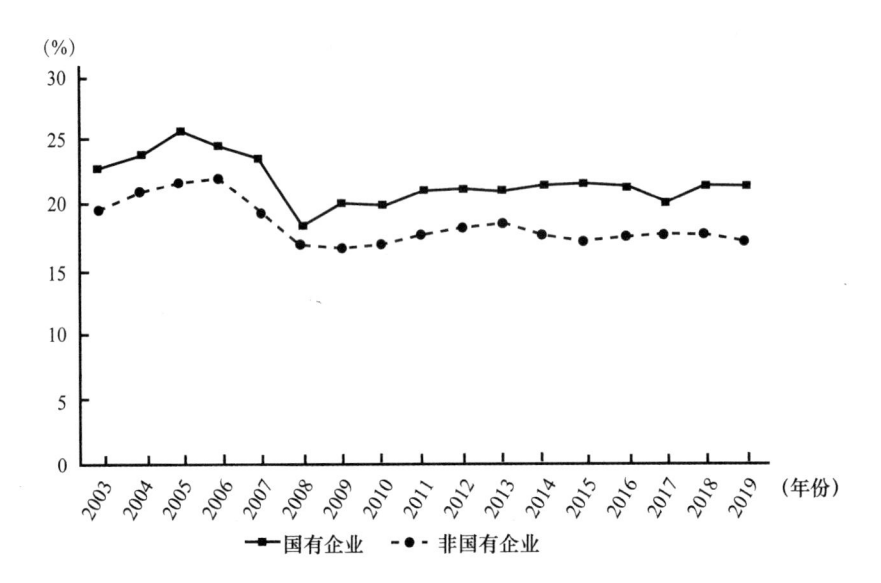

图 3-3 上市国有企业和非国有企业平均所得税税率

资料来源：根据 CSMAR 上市公司数据库，仅包含当年应缴企业所得税和利润总额都大于 0 的样本。

不明显。通过比较三个产业平均税率情况可以看到，国有企业和非国有企业之间的所得税税率差异主要来自第二产业，即工业部门。

除了企业所得税之外，国有企业生产经营过程中还需要根据其应税行为缴纳其他税费，这些税费进入中央或地方财政收入，是国家进行收入再分配的重要资金来源。数据显示，国有企业应缴税费总额占国家财政收入的比重约为四分之一（见图3-5），为我国的低保、扶贫、农业补贴、社会保障等再分配政策的实施提供了重要的资金来源。

二 上缴利润或分配股息红利

2007 年之前国有企业长期不需上缴利润，这是我国改革开

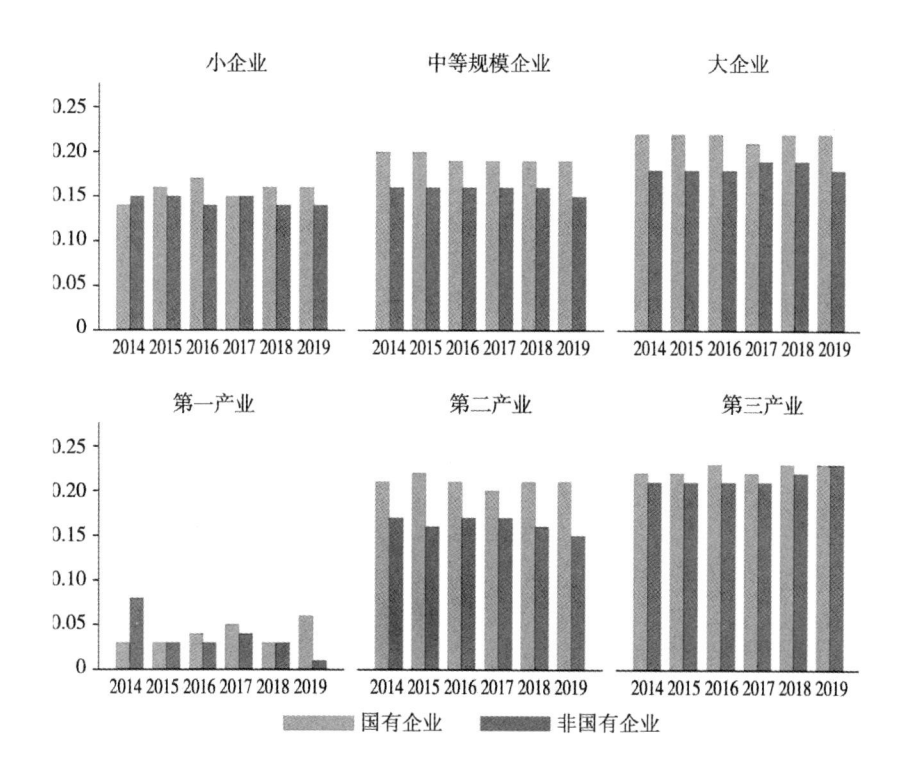

图 3-4 分企业规模和分产业的国有企业和分国有企业平均所得税税率

注：企业规模分类标准是：小企业指企业营业总收入低于 25 分位数的样本，中等规模企业指企业营业总收入高于 25 分位数但低于 75 分位数的样本，大企业指企业营业总收入高于 75 分位数的样本。图中产业分类标准是：第一产业指农业（包括种植业、林业、牧业和渔业），第二产业指工业（包括采掘业，制造业，电力、煤气、水的生产和供应业）和建筑业，第三产业指除第一、第二产业以外的其他各业。

资料来源：笔者根据 CSMAR 数据库上市公司数据计算得出。本数据仅包含当年应缴企业所得税和利润总额都大于 0 的样本。

放后为提高国有企业活力和竞争力而摸索的重要改革举措，取得了重大成效。但随着我国经济发展进入新时代，国有企业规模和利润水平都有了较高的提升，国有企业负债率大幅度降低。因此，让国企收益惠及全民的呼声也逐渐提高，2007 年印发《国务院关于试行国有资本经营预算的意见》，建立国有

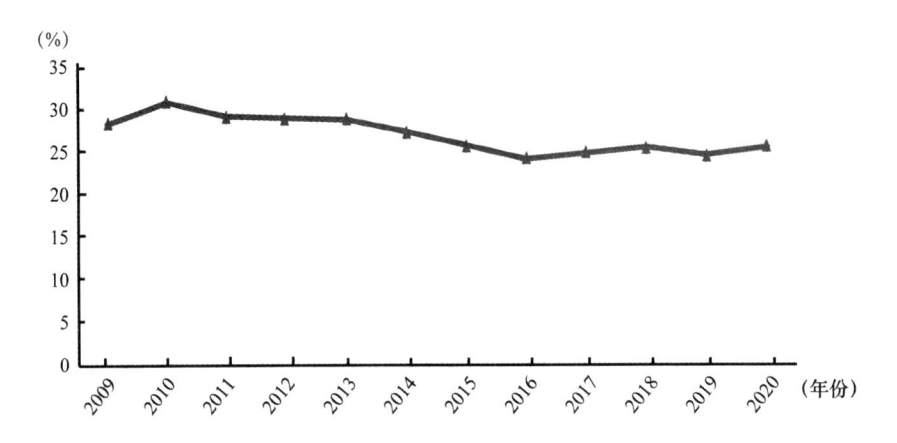

图 3-5 国企应缴税费占国家财政收入的比重

资料来源：根据2009—2020年全国国有及国有控股企业经济运行情况和财政收支情况计算得出。

资本经营预算制度，明确规定，国有资本经营预算的收入是指各级人民政府及其部门、机构履行出资人职责的企业（即一级企业，后同）上缴的国有资本收益，主要包括：（1）国有独资企业按规定上缴国家的利润；（2）国有控股、参股企业国有股权（股份）获得的股利、股息；（3）企业国有产权（含国有股份）转让收入；（4）国有独资企业清算收入（扣除清算费用），以及国有控股、参股企业国有股权（股份）分享的公司清算收入（扣除清算费用）；（5）其他收入。

随后财政部、国资委印发《中央企业国有资本收益收取管理暂行办法》，各省分别印发省级国有资本收益收缴管理办法，实现了国有独资企业分类上缴利润、国有控股参股企业派发股息红利、国有企业产权转让或清算分别取得相应收入的国有资本收益格局。2012—2019年国有资本经营收入总额和结构见图3-6所示，我国国有资本经营收入近些年逐年增长，主要

第三章
国有企业在收入再分配中的作用

原因是国企利润上缴比例的提高和国企混合制改革的推进。国有资本经营收入中最主要的份额是利润收入，即独资国企上缴利润；其次是股利、股息收入，主要来自国有控股参股企业的贴息分红，这二者的和占全部国有资本经营收入的比重多数年份超过80%。这二者的征收基础相同，即国家作为国有资本所有者的身份，二者的来源也相同，为企业的净利润分红，因此具有相似的性质和影响。

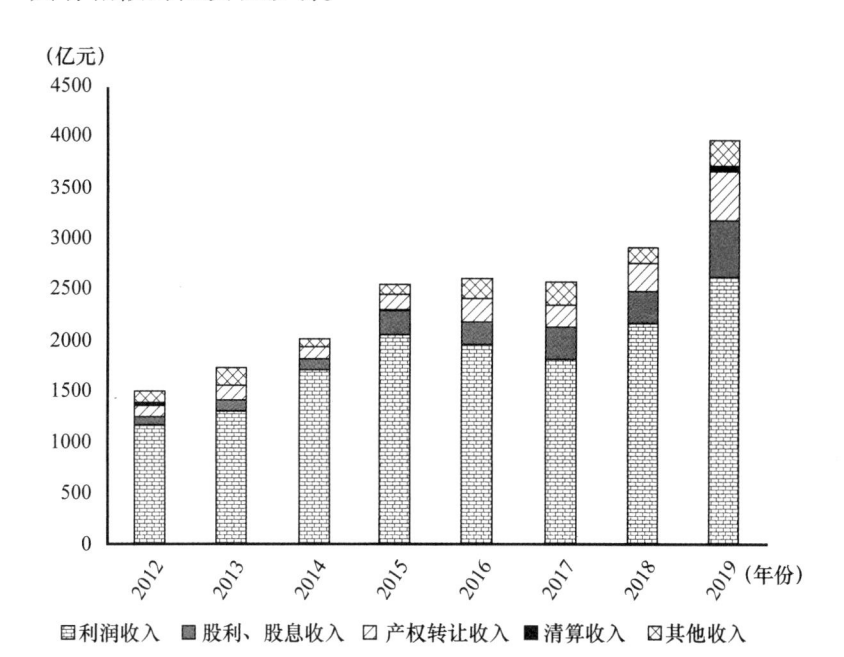

图 3-6　全国国有资本经营收入结构

资料来源：中经网统计数据库。

国有资本经营收益的主要用途包括调入一般公共预算和国有资本经营支出两部分，其中，调入一般公共预算比例逐年提高，2020年超过30%，在减轻财政压力、促进政府再分配功能方面起到了显著作用;国有资本经营支出部分,包括国有资本经营预算补充社保基金支出、解决历史遗留问题及改革成本支出、国有企业资本金注入、国有企业政策性补贴、金融国有资本经营预算支出和其他国有资本经营预算支出,主要目标是促进国企竞争力,进一步增加国企盈利能力。

具体来说,上缴利润或分配股息红利从以下几个方面改善收入分配:

一是增加财政预算收入。通过政府支出来提高低收入者的收入水平,实现收入再分配。

二是国有资本经营预算支出中的民生部分。例如国有资本经营预算补充社保基金支出可以填补社保基金的不足,增加社保基金覆盖的退休人员的收入;解决历史遗留问题支出中的各类直接补助支出,例如涉及职工家属区的支出、退休人员的支出、离休干部医疗药费补助以及国有企业办职教幼教补助等,都能够直接增加部分困难职工的收入或者福利水平;公益性设施投资或生态环境保护支出,通过对公共服务设施的投资支出或生态环境支出改善全体人民的福利水平。

三是国有资本经营预算支出中的其他注资性支出。主要是一些国有经济结构调整、前瞻性战略性产业发展、支持科技进步、保障国家经济安全、对外投资合作或其他资本性支出。此类支出能够促进国有企业经营效率、促进国有企业产业调整和升级、增强国有企业竞争力,进而提高未来国有企业的利润水平,从长期来看增强了国企调节收入分配的能力。

三 保留利润

国有企业缴税及上缴利润后的未分配利润，直接增加国有资本权益，将从以下三个角度调节收入分配：

1. 国有资本属于全民所有，当国有资本权益增加时，作为国有资本的所有人，全民的权益水平都有增加，全社会福利水平增加。国有权益体现了国家资本的力量，在经济政治平稳时期，国有权益的增加代表了国家盈利能力的增强，居民的福利体现在未来收益的增加；在经济发展出现波动或者危机时，国有资本则能发挥较大力量，保护经济社会稳定；在国际形势不稳定时期，国有资本力量更能起到保护国家和保护全体居民的作用。因此，保留利润虽然没有直接增加居民收入，却能从更宏观的角度增加居民福利。

2. 保留利润作为企业自有资金，可直接用于公益事业，进行慈善支出或扶贫支出，增加低收入者的收入水平。

3. 保留利润用于企业扩大再生产，增加企业总资产，增加未来的企业利润水平。理论上国企保留利润对企业盈利能力的影响存在两个途径，一是保留利润直接增加企业总资本，扩大再生产可带来未来利润的直接增加，二是保留利润可以促进企业管理者的经营积极性，促进企业以利润最大化作为自身目标，改善经营效率，这一点在20世纪80年代的国企改革中得到了充分的体现。但随着我国国有企业规模的逐渐扩大，学术界也存在另一种观点，认为国企存在委托代理问题，保留利润过多可能会促使管理者盲目扩大规模，造成过度投资，不利于企业最优化选择，而我国现今的做法是先上缴利润，剩余利润保留，可以部分地解决此问题。

四　国有资本的划转和使用

国有资本属于全民所有，当关乎全民福利水平的政策项目出现资金需求时，划转和使用国有资本是有效且合理的筹资手段。由于划转的资金包括以往保留利润的累计数额，而划转后主要的资金来源依然是利润收入，此部分可作为国企利润对收入分配的间接调节手段之一。主要的应用实例是我国划转部分国有资本充实社保基金的实践。

随着经济社会发展和人口老龄化加剧，基本养老保险基金支付压力不断加大，为充分体现代际公平和国有企业发展成果全民共享，2017年，《国务院关于印发划转部分国有资本充实社保基金实施方案的通知》，规定中央和地方国有及国有控股大中型企业、金融机构划转企业国有股权的10%充实社保基金，使全体人民共享国有企业发展成果，增进民生福祉，促进改革和完善基本养老保险制度，实现代际公平，增强制度的可持续性。

社保基金会及各省（区、市）国有独资公司等承接主体持有的国有资本收益，由同级财政部门统筹考虑基本养老保险基金的支出需要和国有资本收益状况，适时实施收缴，专项用于弥补企业职工基本养老保险基金缺口。

截至2020年年末，符合条件的中央企业和中央金融机构划转工作全面完成，共划转93家中央企业和中央金融机构国有资本总额1.68万亿元，占国企权益总额的10%。地方国企划转工作正在进行中。

国有资本划转社保基金,是我国国有资本直接参与收入分配和社会保障的重要实践,使国有资本利润收益直接向无法取得市场收入的老年人倾斜,改善收入分配。

五 公益性垄断国有企业的生产经营

根据国有企业参与市场程度的不同,可将国企分为竞争性国企和公益性国企,竞争性国企生产经营决策的主要依据是市场规则,而公益性国企的特殊性在于,可以执行部分政府职能,不必以利润最大化作为其最主要的生产目标,进而其产品定价机制和生产决策机制都与市场决策不同。经济学知识告诉我们,追求利润最大化的企业最佳生产决策是边际收益等于边际成本,而垄断厂商的均衡价格高于平均成本,均衡产量低于社会最优产量,企业获得超额利润。当国有企业作为垄断厂商时,可放弃追逐利润的目标导向,选择平均成本定价法、边际成本定价法或二部定价法等定价方式,将潜在的超额利润交还社会,提高全社会福利水平。其收入分配机制可在收入端和支出端同时体现。

1. 收入端。公益性垄断国有企业多提供与居民基本生活息息相关的民生用品,例如水电煤、油粮棉、交通医疗等物品,当企业降低此类物品价格时,低收入家庭的实际购买力增加,成为收益最大的人群。因而民生产品价格的降低将显著减小实际收入差距。

2. 支出端。公益性垄断企业生产决策机制下,总产量和总支出都显著高于市场机制,除了在生产投入和产品数量上增进社会福利外,公益性企业的支出执行了部分政府职能,降低了财政支出压力，增加了财政再分配资金。

综上，公益性垄断国有企业通过降低收入和增加支出的方式挤出自身的超额利润，让渡部分利润水平给全社会，增加了全社会福利水平，改善了实际收入分配水平。

公益性垄断国有企业对收入分配的作用在课题组赴深圳国资委调研过程中得到了印证，根据深圳市国资委负责人介绍，深圳市早期面向全球引进战略投资者，吸引了外资基金，提升了整体企业管理水平。但现阶段，企业管理水平提升之后，功能性企业由外资管理的弊端逐步显现，主要在于外资以利润最大化为主要目标，"唯利是图"，并未将广大人民群众的福利考虑在内，民生类支出的投入存在不足，因此深圳市国资委转变思路，开始逐步将公益性生产经营企业的外资股权收购转为国有企业经营。

第二节　国有企业利润分配在调节收入分配机制中存在的问题

根据前文可知，我国国有企业利润在调节收入差距方面起到了重要作用。但经过课题组的调查和研究，发现也存在部分潜在问题，主要包括以下几个方面。

一　国有企业利润率不高，或存在隐藏利润等现象

我国国有企业利润率在近几年有了显著提高，但整体仍处于较低水平，如图3-7所示，全国国有企业利润总和占经营

总支出的比重不足6%。成本费用利润率水平低，可能的潜在原因包括经营效率不高及企业隐藏利润。

经营效率较低的原因主要是委托代理问题，按照股利代理理论，管理者有动力增加在职消费、闲暇或一些能获得私利的行为，以实现自身效用最大化，这些行为往往与股东的利益目标不一致。我国国有企业特殊的委托代理关系是导致治理改善效果不明显的重要因素之一。国有资本的真正所有者是国家，由于国家不具有事实上的人格，因此真正的所有者并没有以股东的身份真实地参与到国有企业的管理中，也就是说掌握国有企业大部分股权的股东并不是事实上的所有者，只是所有者的代理人。"所有者虚位"是导致我国国有企业代理问题严重的重要原因之一。

适当的股利支付可以有效约束管理者行为，改善公司治理结构，提升企业价值。从企业内部来看，发放现金股利可以减少管理者可支配的自由现金流，可支配资源的减少会促使管理者注重投资收益，追求企业价值的最大化以提高个人业绩和名声，进而减弱管理者自利行为的倾向；从企业外部来看，支付股利使得企业内部可直接投入运营的资金减少，迫使企业从外部资本市场融资，融资成本和外部资本市场严格的监管对管理者使用资金提出了要求，可以有效减少管理者自利行为。国有企业也不例外，国企管理层普遍存在在职消费和过度投资等问题，向国家分红一定程度上可以从内外部约束管理层行为，缓解代理问题。

而在我国国有企业内外部治理结构不完善的背景下，现行的国有资本经营预算制度不仅未能有效地约束国企管理层的行为，甚至可能会恶化其治理水平。在薪酬管制下，国企管理层获得的显性收益有限，本身就有增加隐性收益的动机，此时再针对国有资本收取收益会直接减少管理层可支配的资源，导致其隐性收益减少，激励管理层加大通过转移企业利润留存资金的力度，而固定的上缴比例使得管理层只需控制净利润的大小就可以改变向国家分红的规模，加上利润最大化不是评价管理层业务水平的唯一标准，不会过多影响管理层的业绩和薪酬，这将直接导致管理层增加转移企业利润的行为，激励其通过关联交易等活动将部分企业利润留存于其他不受国有资本经营预算制度约束的子公司或转移至其他管理者可以从中获取私利的地方，这些公司的财务制度往往不够健全，为后续管理者从中获益提供了较大的空间。

以图3-7中规模以上工业企业数据为例，国有企业在2007年执行国有资本经营预算之前的成本费用利润率显著高于非国有企业，且呈现逐年增长的态势，2008年执行国有资本经营预算后利润率大幅下降，且在2010年至2015年持续下降，可以明确观察到，执行国有资本经营预算后，2008年的国有企业利润率有一个较大的下降，而若以非国有企业作为对照组可知，2008年其他冲击并未显著降低企业成本费用利润率水平，因此在执行国有资本经营预算后，国有企业极有可能存在通过盈余管理转移利润的行为。

根据上市公司数据进行的实证研究发现，我国国有资本经

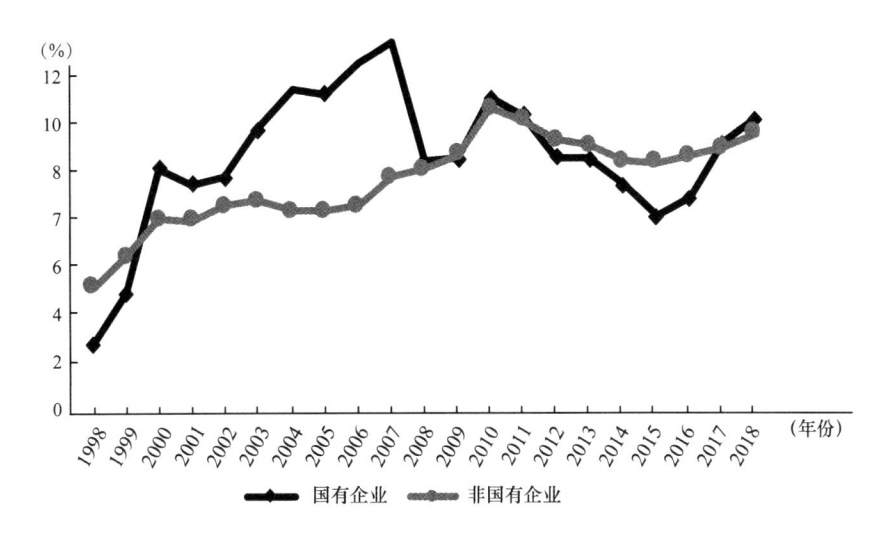

图 3-7 规模以上国有企业和非国有企业成本费用利润率

注：成本费用利润率等于利润总额除以主营业务成本，国有企业指国有控股企业，非国有企业利润总额和主营业务成本为全国的总额减去国有控股企业总额。

资料来源：中经网统计数据库。

营预算制度的实施显著降低了国企的净资产收益率，通过机制分析发现，强制国企上缴利润及收益的"体内循环"增加了国企管理层的转移利润行为，导致国企净资产收益率下降，"一刀切"的上缴比例导致出现"鞭打快牛"现象。[1]

国有企业上缴税收和上缴利润的基础都是利润，若企业利润较低，或存在藏匿利润的行为，则国有企业收入再分配功能将大大降低。改善国企经营水平并提高政府监管能力，可以改善此问题。

二 国有企业利润收取比例不高

我国国有企业利润实行分类上缴制度，2007 年规定的上缴

---

[1] 郭彦男、李昊楠：《国有资本收益、利润转移与国企利润》，《财经研究》2020 年第 2 期。

比例最高为10%，经过多次调整，2014年中央企业上缴利润比例调整为：

国有独资企业应缴利润收取比例为：第一类烟草企业，25%；第二类石油石化、电力、电信、煤炭等具有资源垄断特征的行业，20%；第三类钢铁、运输、电子、贸易、施工等一般竞争性行业企业，15%；第四类军工企业、转制科研院所、中国邮政集团公司、2011年和2012年新纳入中央国有资本经营预算实施范围的企业，10%；第五类政策性公司，包括中国储备粮总公司、中国储备棉总公司，免缴当年应缴利润。符合小型微型企业规定标准的国有独资企业，应缴利润不足10万元的，比照第五类企业，免缴当年应缴利润。事业单位出资企业国有资本收益收取政策，按照财企〔2013〕191号执行，为10%。

地方国有企业利润上缴比例由各地方分别制定，例如深圳市国资委将国企区分为竞争性企业和功能性企业，比例分别为30%和15%。

根据2020年全国国有及国有控股企业经济运行情况，2020年全国国有资本经营预算收入（4777.82亿元）占国企净利润（24761.7亿元）的比例约为19.30%，其中，中央国有企业国有资本经营收入（1785.61亿元）占净利润（15718.0亿元）的比例约为11.36%，地方国有企业国有资本经营收入（2992.21亿元）占净利润（9043.7亿元）的比例约为33.08%。

向国有企业收取国有资本收益在国际上已是普遍做法，西方很多国家的上缴比例在50%左右。而我国尽管已多次提高上缴比例，但整体上还处于较低的水平，仍有进一步提高的空间。

三 国有资本收益的内部循环问题

我国征收国有资本经营收益的初衷是实现国有资本收益全民共享，但实际操作中，上缴财政后的国有资本经营支出多用于国有企业内部循环。调研显示，深圳市国资委的国有资本经营收入，在上缴财政后90%返还支持国企内部使用，作为国有资本金，或者专项支持，鼓励企业自主创新，或投向一些导向性的产业和新成立的企业，或根据转型的需要、并购的需要以及重大开发项目的需要投入资金。

2019年《全国国有资本经营支出决算表》显示，国有资本经营预算支出中包括国有资本经营预算补充社保基金支出、解决历史遗留问题及改革成本支出、国有企业资本金注入、国有企业政策性补贴、金融国有资本经营预算支出和其他国有资本经营预算支出。其中，解决历史遗留问题和国有企业资本金注入支出占了全部支出的74%。

根据支出的细分类，可将国有企业资本金注入、国有经济结构调整支出、其他国有企业资本金注入、国有企业政策性补贴、其他国有资本经营预算支出合并作为注资性支出，将公益性设施投资支出、前瞻性战略性产业发展支出、生态环境保护支出、支持科技进步支出、保障国家经济安全支出、对外投资合作支出合并作为公益性支出，两类支出的占比见图3-8。

2012年我国国有资本经营预算支出1402.8亿元，2020年为2544亿元，增长了81.34%，这其中又以注资性支出为主，

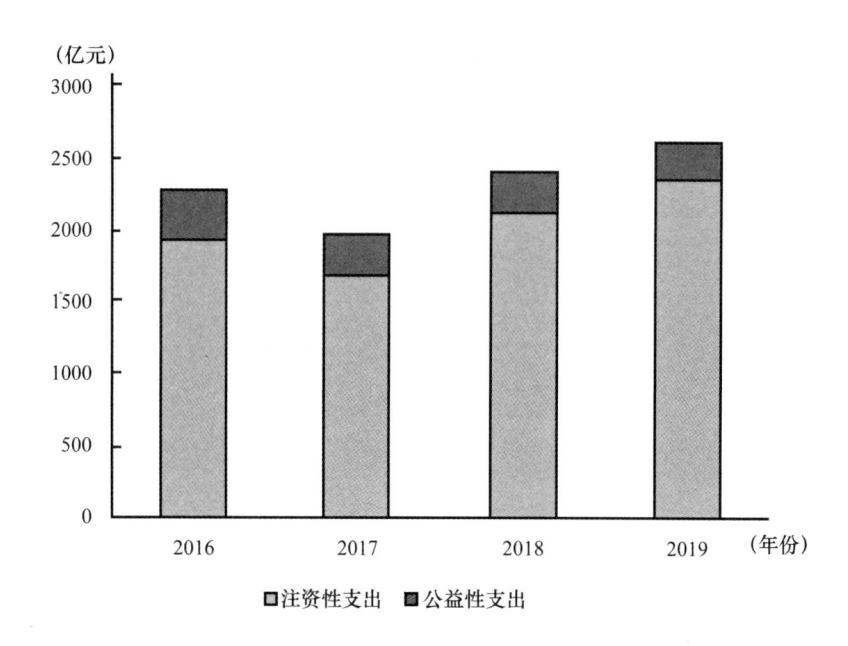

图 3-8 国有资本经营支出中注资性支出和公益性支出情况

资料来源：根据中经网统计数据库中的国有资本经营支出分项加总得出。

刚性支出需求和公益性支出较少。由此可见，国有资本经营预算支出存在"以收定支"的现象和国企上缴利润返还国企的现象。由此可知，我国国有资本收益中，绝大部分支出返还企业内部循环使用，国企经营收益并未实现全民共享，违背了征收国有资本收益的初衷，也弱化了其收入分配作用。

四 国企划转社保基金后的受益人群单一问题

国企划转社保基金是国有资本直接受益居民的重要实践，真正实现了全体人民共享国有企业发展成果，增进民生福祉，促进改革和完善基本养老保险制度，实现代际公平，增强制度的可持续性。退休老人为建设国家做出了卓越贡献，退休后无法取得市场收入，国家通过社会保障制度对其进行转移，可显著降低市场收入差距，国企划转社保基金，可使国企参与此收入再分配政策，起到收入分配的调节作用。

但对于国企划转社保基金的收入分配效应来说，存在一个收益人群仅为参与企业职工基本养老保险的人群，收益人群较为单一的问题，主要包括两个方面：

一是忽略了非老年人群体。社会保障是以国家或政府为主体，依据法律，通过国民收入的再分配，对公民在暂时或永久丧失劳动能力以及由于各种原因而导致生活困难时给予物质帮助，以保障其基本生活的制度。诚然，由于老龄化程度的增加，养老金可持续问题是我国社会的主要问题之一，国企划转首先补充社保基金是符合现状的。但除此之外，我国还存在其他低收入群体或者急需政策关注的群体，例如残疾人群体、因病致贫群体、因生育或其他原因影响职业收入的妇女群体等，这些群体并未享受到国企红利，理想的国企划转应转入大口径社会保障部门，而非单一的社保基金。

二是忽略了广大农村家庭和未加入企业职工基本养老保险的城镇家庭。由于新中国成立后的"剪刀差"政策，及改革开放后的城乡不均衡发展，我国农村居民为国家的长远发展做出了较大牺牲。近年来我国的精准扶贫政策、农村社保政策和农业补贴政策，大大提高了农村福利水平，但与城镇居民相比，倾斜程度依然不足。根据《人民日报》消息，企业退休人员养老金已实现"16连涨"[①]，新闻中屡现高额离退休金的现象，

---

① 李婕：《养老金已实现"16连涨"》，《人民日报》2020年10月14日。

而农村养老金，不论是从财政支出总额，还是从居民养老金标准上看，与企业职工基本养老保险相比都极低，其支付标准在十几年内仅提高两次，仍不能保证农村老年人基本生活水平。已有较多调研数据说明，我国农村老年高龄劳动力比例较高，在无法实现家庭养老的情况下，许多老年人不得不高龄继续劳作，与城镇职工退休后的生活质量形成鲜明对比。

国企的所有者是国家，或者是全体居民，其经营收益的获利群体也应覆盖全体居民，在划转社保部门来保障低收入者福利水平时，不应将非老年低收入者排除在外；在划转社保基金来保障老年人收入水平时，不应该将农村老年人排除在外。

第三节 提高国有企业利润分配对收入分配作用的政策建议

一 进一步提高国有资本收益的收取比例和上缴财政比例

随着国有企业经营状况的不断改善，特别是国有企业历史包袱的进一步化解，其利润上缴比例应加快提升，既能进一步实现国企发展成果全民共享，又能缓解国企委托代理问题带来的过度投资。我国国有企业利润收取比例低于很多其他国家，也低于上市公司分红的惯例，其中中央企业的上缴比例低于地方企业，本研究认为，中央企业多为大型垄断性企业，多数享受到了较多的政策红利，除了与民生直接相关的行业外，其他中央企业应进一步提高上缴比例，回报社会。

国有资本经营收益上缴财政比例，在近几年逐年提高，2020年已超过30%，但从总体而言，其上缴比例仍有进一步提高的空间，主要是因为国有资本经营性收入的上涨空间较大，而国有资本经营支出并非刚性，应尽量实现收支两条线，避免以收定支的情况。提高国有资本收益的上缴财政比例，让国有资本经营收益更多更公平地惠及全体人民，有助于增强广大人民群众的获得感和幸福感，促进人的全面发展，实现全体人民共同富裕，推进社会主义现代化强国建设。国有企业利润全民共享，是社会主义市场经济体制的重要优势和特色之一，充分彰显了中国特色社会主义的独特优越性。

二 国有资本支出向民生类支出倾斜

2012—2020年，我国国有资本经营支出增长了81.35%，但其中注资性支出占比较高，民生类支出占比较少，本研究认为，应降低注资性支出的份额，将国有资本经营支出向民生类倾斜，可在不划转国有资本的情况下，建立国资收益补充民生领域的机制，补充农村社保或其他扶贫项目，直接增加国有资本的收入分配效应。

有学者提出，国有企业利润可以实行全民分红，真正实现全民共享[①]，本研究认为，全民分红是国有企业经营的最终目标和最优方案，既能够体现国企的全民所有制属性，又能公平分配，提高社会福利，甚至能培养居民的"所有者身份"意

---

① 程恩富、伍山林：《以国资收益全民分红的方式促进共享共富》，《海派经济学》2021年第4期；徐海燕：《论实现共同富裕的法律途径——以国家所有权制度为视角》，《北京理工大学学报》（社会科学版）2022年第2期。

识，促进居民对国有企业经营的监督。但在现阶段，我国仍存在大量低收入人群，存在较大的地区差异和城乡差异，应将国企利润的使用更多地向低收入者倾斜，投向民生类支出，全民分红可作为长期改革方向，在我国主要矛盾有所缓解并且国企收益大幅增加的前提下执行。

三 国有资本划转政策向农村倾斜，实现地区统筹

中央国有资本划转社保基金已全部完成，地方国有资本划转正在进行之中。国有资本向社保基金划转的实践，为我国国有资本的使用提供了新方向，未来也可能会出现国有资本划转其他民生领域的实践。我国现阶段收入分配差距的主要来源是城乡差距和地区差距，部分沿海城市人均收入较高，城市发展水平已接近或超越部分发达国家，而中西部、东北地区广大农村地区发展不足，人均收入较低，社会保障政策还不够充分。若要改善收入差距状况，缩小城乡差距和地区差距是行之有效的手段，因此，为提高我国国有企业收入分配功能，应将国有资本支出和划转政策向农村倾斜，并尽可能地实现地区统筹。

1. 向农村地区倾斜。我国目前收入分配差距的最主要来源是城乡差异，而目前国有资本划转社保基金的实践有利于城镇退休人员养老金的稳定长期发展，但忽视了农村地区居民享受国企收益的权利，因此未来的划转安排应扩展社保范围，覆盖农村群体。除了老年人外，也应进一步覆盖其他应得到社会保障资金的人群。

2. 实现地区统筹。我国社保基金的可持续性具有较高的地

区差异，近些年劳动力的流动性较大，内陆地区劳动人口大量向沿海城市流动，使不同地区的人口抚养比差异较大，部分地区老龄化压力过大。若不从国家层面进行干预，老龄化城市在社会基金压力下，将被迫提高社会保障征缴率，降低社会保障福利，极易造成进一步的劳动力流失现象，形成恶性循环。对该地区的老年人和青年人都是不公平的。而一般情况下，劳动力流失地区的国有企业经营情况也不如劳动力流入地，若不进行地区统筹，国有资本划转社保基金将加剧不同地区的社保基金差异，进一步恶化收入差距。因此国有资本划转社保基金后，需要国家从宏观层面进行统筹，抑制地区差距。

3. 在逐步完善国资划转后续工作的过程中，还需要完善配套政策以优化划转国资的经营并预防国有资本流失。《国务院关于印发划转部分国有资本充实社保基金实施方案的通知》规定，承接主体作为财务投资者，享有所划入国有股权的收益权和处置权，不干预企业日常生产经营管理，一般不向企业派出董事。但也规定了"必要时，经批准可向企业派出董事"。若未来进一步划转国有资本至其他民生领域，也应避免出现划转后股权变动带来经营风险。划转国有资本的目的是使承接主体直接享受国有企业上缴利润或分红，获得持续性长期稳定的收入来源，划转的国有股权原则上应履行3年以上的禁售期义务，并应承继原持股主体的其他限售义务。但在禁售期解禁后，若部门资金缺口持续存在，则可能存在出售国有资本股权的行为，为预防国有资本流失，可对此做出限制性规定，例如出售国有资本时尽量出售给国资部门，或原持有单位可拥有优先购买权。

第四章

国有企业在三次分配中的作用

党的十九届四中全会通过的《中共中央关于坚持和完善中国特色社会主义制度、推进国家治理体系和治理能力现代化若干重大问题的决定》指出，"重视发挥第三次分配作用，发展慈善等社会公益事业"[1]，这是党中央首次明确以第三次分配为收入分配制度体系的重要组成。2021年8月17日，中央财经委员会第十次会议召开，议题之一是研究扎实促进共同富裕问题。"三次分配"作为调节收入分配、实现共同富裕的有效路径，成为此次会议的一大亮点。初次分配、再分配、三次分配协调配套将成为我国新的分配基础性制度。国有企业除了在一次分配和二次分配中发挥作用以外，还可以通过扶贫解困、公益慈善、志愿行动等方式参与国民收入分配，国有企业在这些方面已经积累了许多有益的经验。

---

[1] 中国政府网：http://www.gov.cn/zhengce/2019-11/05/content_5449023.htm。

第四章
国有企业在三次分配中的作用

第一节 实现共同富裕要缩小城乡收入差距

不论是脱贫攻坚还是乡村振兴，都是迈向共同富裕过程中的重要一步。改革开放前三十年，市场化改革带来了经济的快速发展，但同时也造成收入不平等的程度不断加深。国家统计局公布的基尼系数由改革开放初期不到 0.3 提高到 2008 年的 0.491，之后虽有小幅下降，2019 年仍达 0.465（详见图 4-1）。

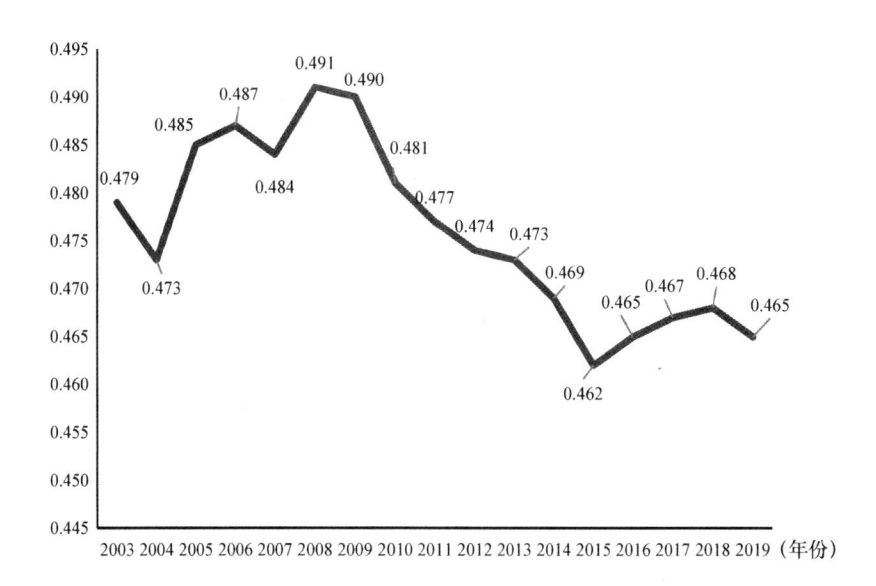

图 4-1 全国居民人均可支配收入—基尼系数（2003—2019 年）

资料来源：国家统计局。

中国收入不平等的最大来源是城乡收入差距和地区间的收入差距。城乡之间收入差距在2000—2007年出现了明显扩大，城乡居民收入比率从2.79倍上升到3.33倍，2007年达到历史最高水平3.33倍，其后6年一直在3倍以上（见图4-2）。

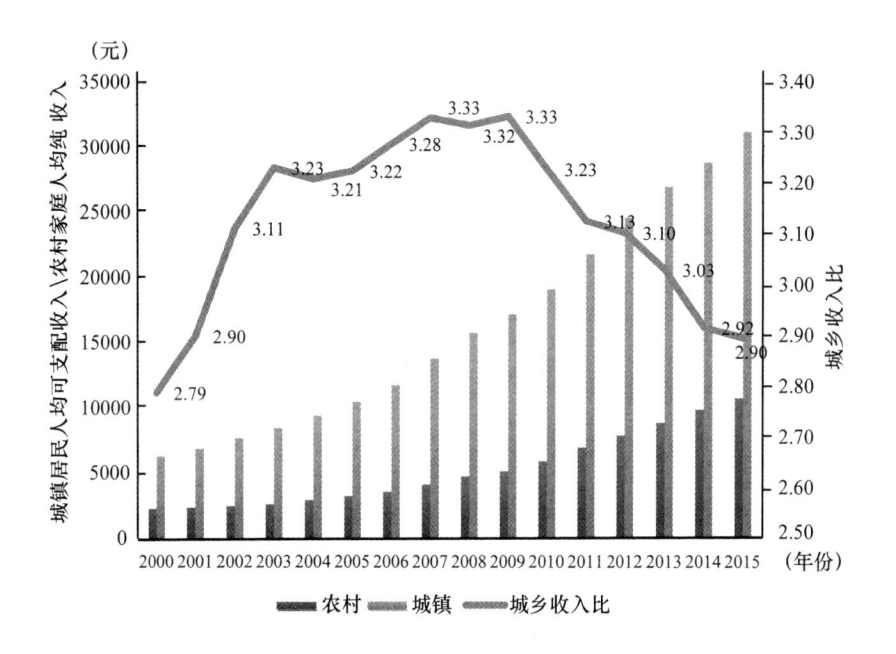

图4-2 城乡居民收入水平及收入比（2000—2015年）

注：城乡居民收入水平分别是城镇居民人均可支配收入与农村家庭人均纯收入，2013年前，国家统计局以二者的比值衡量城乡居民收入差距。
资料来源：国家统计局。

2012年12月30日，习近平总书记在河北省阜平县看望困难群众时指出，"没有农村的小康，特别是没有贫困地区的小康，就没有全面建成小康社会"[①]。此后，他多次强调"小康

---

① 中国政府网：http://www.gov.cn/jrzg/2012-12/30/content_2302362.htm。

不小康,关键看老乡"。让贫困人口和贫困地区同全国人民一道进入全面小康社会,是我们党的庄严承诺。

2013年,在湖南湘西十八洞村,习近平总书记首次提出精准扶贫理念。2015年,习近平总书记在部分省区市党委主要负责同志座谈会上强调,消除贫困、改善民生、实现共同富裕,是社会主义的本质要求,是我们党的重要使命[①]。全面建成小康社会,是我们对全国人民的庄严承诺。脱贫攻坚战的冲锋号已经吹响。我们要立下愚公移山志,咬定目标、苦干实干,坚决打赢脱贫攻坚战,确保到2020年所有贫困地区和贫困人口一道迈入全面小康社会。2016年2月中共中央办公厅、国务院办公厅印发了《省级党委和政府扶贫开发工作成效考核办法》,各省领导立军令状,扶贫开发动真格。

经过8年精准扶贫和5年脱贫攻坚,2020年城镇居民人均可支配收入43834元,同比名义增长3.5%;农村居民人均可支配收入17131元,同比名义增长6.9%,贫困地区农村居民人均可支配收入12588元,同比名义增长8.8%。2020年城乡人均可支配收入的倍数降为2.56倍(见图4-3)。脱贫攻坚后我国的城乡收入差距明显缩小,向共同富裕的目标迈进了一大步。2021年2月25日习近平总书记在全国脱贫攻坚总结表彰大会上庄严宣布:"我国脱贫攻坚战取得了全面胜利……完

---

① 中国政府网:http://www.gov.cn/xinwen/2015-06/19/content_2882043.htm。

◇ 国有企业与促进共同富裕

成了消除绝对贫困的艰巨任务。"①

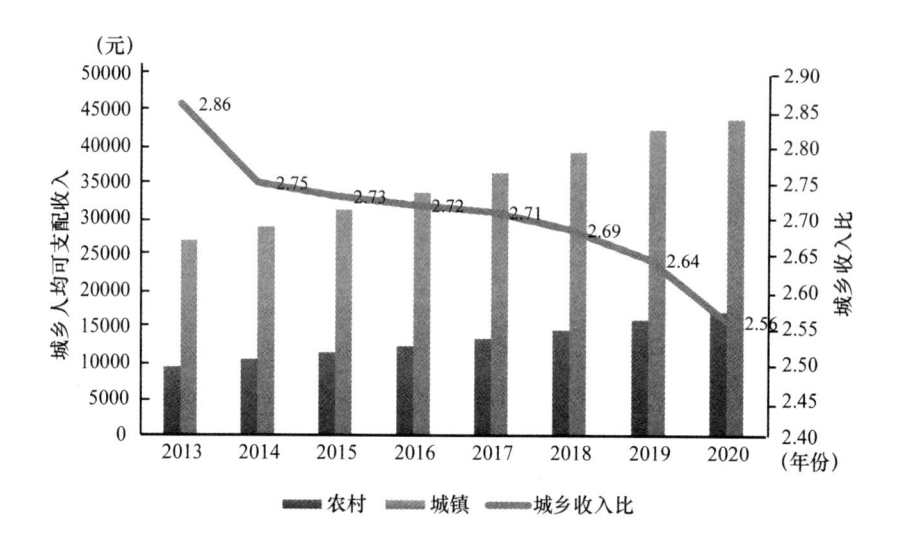

图4-3 城乡居民收入水平及收入比（2013—2020年）

注：城乡居民收入水平分别是城镇居民人均可支配收入和农村居民人均可支配收入。2013年后，国家统计局用城乡人均可支配收入的比值衡量城乡收入差距。

资料来源：国家统计局。

但是，相对贫困还将长期存在，目前的城乡收入差距仍较大，要实现共同富裕还有很长的路要走。习近平总书记2021年2月3日至5日在贵州考察调研时指出："实现共同富裕不仅是经济问题，而且是关系党的执政基础的重大政治问题。我们决不能允许贫富差距越来越大、穷者愈穷富者愈富，决不能在富的人和穷的人之间出现一道不可逾越的鸿沟。"② 因此，在脱贫攻坚取得胜利、消除了绝对贫困的基础之上，中共中央

---

① 中共中央党校（国家行政学院）官网：https：//www.ccps.gov.cn/xtt/202102/t20210225_147575.shtml。

② 人民网：http：//jhs jk.people.cn/article/32093257。

第四章
国有企业在三次分配中的作用

国务院指出要进一步巩固拓展脱贫攻坚成果,接续推动脱贫地区发展和乡村全面振兴,并出台了《关于实现巩固拓展脱贫攻坚成果同乡村振兴有效衔接的意见》,过渡期内严格落实"四不摘"要求,摘帽不摘责任;摘帽不摘政策;摘帽不摘帮扶;摘帽不摘监管,确保主要帮扶政策总体稳定。为了使过渡期内实现巩固拓展脱贫攻坚成果同乡村振兴有效衔接,需要总结脱贫攻坚中能促进乡村振兴的经验和做法。

习近平总书记强调,国有企业是中国特色社会主义的重要物质基础和政治基础,是中国特色社会主义经济的"顶梁柱"。[1] 在精准扶贫和脱贫攻坚过程中,国有企业发挥了重要引领作用,做出了突出的贡献,也积累了很多宝贵的经验。国有企业是共和国工业的长子,奠定了中国的工业基础。乡村振兴要以工补农、以城带乡,加快农业农村现代化,国有企业在其中要发挥更大的作用。将总结、提炼、推广国有企业在脱贫攻坚中的经验,将有助于国有企业在乡村振兴中更好地发挥支撑、引领和带动作用,并更加积极有为地促进共同富裕。

为此,课题组对广东省乡村振兴局、全国脱贫攻坚先进集体广州市协作办、广东省就业服务管理局、广州医药集团有限公司,以及全国脱贫攻坚先进个人所在单位广州交通投资集团、深圳市国资委和北京科环集团等国有企业政府扶贫协作机构进行了实地调研,发现粤港澳大湾区国企积极参与脱贫攻

---

[1] 国务院国有资产监督管理委员会官网:www.sasac.gov.cn/n4470048/n10286230/n11567072/n11567077/c13437226/content.html。

坚，在降低收入不平等方面取得了突出的成绩，其最宝贵的经验在于深入分析脱贫地区的优势领域和短板不足，明确经济发展的重点产业和主攻方向，充分尊重市场规律，利用市场化机制，借助老字号品牌推动帮扶产品创新、形成上规模的产业链进行产业对接帮扶。实现既促进当地社会财富生产，又有效缩小市场竞争带来的初次分配收入差距。

第二节　中央企业及国资委在脱贫攻坚中发挥的重要作用[①]

在脱贫攻坚中，中央企业是中央单位的主力军。中央企业和国资委机关对口帮扶248个贫困县，2019年11月23日全部脱贫摘帽。据课题组统计，国资委、中央企业及其下属企业获国家扶贫攻坚先进集体的单位多达67个（详细名单见附录）。

2016年以来，国资委和中央企业累计投入各类帮扶资金近千亿元、派出各类扶贫干部1万余名，为全国打赢脱贫攻坚战发挥了重要作用、做出了突出贡献。这些资金有效解决了贫困地区"两不愁、三保障"问题。累计投入义务教育帮扶资金26.58亿元，援建学校2700多所，资助贫困学生47万余名；投入医疗帮扶资金9.58亿元，捐建了1400多所医院和乡村卫生所大量医疗设备；投入住房安全帮扶资金6亿多元，受益群

---

① 本部分数据来源于国务院国资委网站以及各个中央企业的社会责任报告。

第四章
国有企业在三次分配中的作用

众近18万人；投入饮水安全帮扶资金3.62亿元，受益群众超过52万人。

中央企业主动承担社会责任，不计回报，在贫困地区不断加大电力、通信、网络、交通等重要基础设施投资建设力度，有效解决了困扰群众多年的"行路难、吃水难、用电难、通信难"等突出问题。

利用企业的资金优势和产业投资经验，创造性打造了扶贫资本运作平台，用国有资本引导各类资本到贫困地区投资，累计引进扶贫企业900多家，带动投资147亿元。其中，国资委引导全部中央企业（共96家）出资设立的中央企业贫困地区产业投资基金，经三期募资规模达到314.05亿元，截至2020年10月底，央企扶贫基金共完成投资决策项目118个、投资金额307.07亿元，累计引导撬动社会资本约2600亿元。援建产业扶贫项目超过8000个，扶持乡村龙头企业和农村合作社超过3300个。

此外，通过消费扶贫为贫困地区的产品打开市场，除央企自购和帮助销售农产品之外，搭建了中央企业消费扶贫电商平台。累计购买贫困地区农产品68.74亿元，帮助销售贫困地区农产品32.66亿元。直接招用贫困劳动力1.73万名，帮助10.44万名贫困劳动力实现转移就业。

定点扶贫县数量居央企首位的是中国石油天然气集团。公司总部承担15个县（市、区）的定点扶贫和对口支援任务。1988年以来，中国石油天然气集团累计投入帮扶资金近70亿元，涉及全国28个省（区、市）476个县（市），受益人口近千万。"十三五"时期,中国石油累计投入超过18亿元,开展了2800多个扶贫项目。所属企事业单位积极承担地方政府定点帮扶任务,共涉及1175个村。25家所属单位承担了"三区三州"帮扶任务,涉及甘肃、青海、四川、西藏、新疆5个省(区)、78个县、123个乡镇、165个村,派出挂职干部156人(其中驻村第一书记142人);派出驻村干部1969人次,投入帮扶资金3.7亿元,实施项目700个,惠及民众超过51万人。承担了52个挂牌督战县中18个县的帮扶任务,涉及37个乡镇、74个村,派出驻村第一书记91人;派出驻村干部202人次,投入帮扶资金6187万元,实施项目196个,惠及民众超过15万人。

不同中央企业又结合自身的产业、技术、资金、渠道、人才和品牌优势,在产业扶贫、消费扶贫和教育扶贫等方面做出了突出贡献。

比如,在消费扶贫方面,中国石化充分发挥其2.78万家易捷便利店的渠道优势,在线下将扶贫产品引入易捷便利店、胜利油田胜大超市等渠道平台,并在条件成熟的门店设立扶贫产品专柜。同时,在线上开通易捷商城、员工团购网、朝阳E站、奋进石化、北京易捷加油、极臻甘肃、中国社会扶贫网等扶贫产品销售平台。2019年,中国石化购买扶贫产品5699万元,帮助销售2.83亿元。2020年易捷引进832个贫困县2000多种扶贫产品,累计实现销售额5.3亿元。

比如,在教育扶贫方面,国家能源集团贡献突出。国家能源集团共承担了7个县定点扶贫任务和2个县的对口支援任务

（5县位于"三区四州"，4县位于革命老区），集团全系统先后实现对全国416个县（乡、村）的帮扶，是中央企业中帮扶数量排名第二的单位。截至2020年年底，累计向9县投入扶贫资金11.6亿元。特别是在2017年集团重组以来，投入扶贫资金7.88亿元。高度重视教育扶贫，致力于阻断贫困代际传递，累计投入教育扶贫资金3.93亿元，2020年投入1.5亿元帮助贫困人口74569人。

在改善贫困地区基础设施方面，国家电网加大力度投资建设新型农村电网，助力脱贫攻坚和乡村振兴。2020年国家电网公司投入1316亿元持续推动农村电网改造升级，提前一年完成新一轮农网改造升级，增加偏远地区变电站布点，缩短供电半径，综合治理低电压、"卡脖子"的问题，打造支撑乡村振兴的坚强电网。全面完成"三区三州"和抵边村寨电网建设任务，覆盖198个县，惠及群众1777万人。改善了乡村居民生产生活用电水平，促进农业农村现代化和农村能源消费升级。"十三五"时期，南方电网仅贵州电网一家累计完成电力行业扶贫投资331.9亿元，提前一年完成新一轮农村电网改造升级。全面满足贵州9000个贫困村、623万贫困人口的用电需要，贵州农村地区实现从"用上电"向"用好电"转变。自2019年9月1日起，南方电网广西电网公司在广西新电力投资集团供电区域的40个县先后完成160.8亿元农网改造升级任务，助力柳州融水苗族自治县等广西最后17个贫困县脱贫出列，惠及1500万人，提升了广大农村地区经济内生动力。

此外，自2008年起，华润陆续在革命老区和贫困地区选址建设希望小镇，打造田园文旅综合体。截至2020年年底，华润集团累计捐资超过9.6亿元，已建成广西百色、河北西柏坡、湖南韶山、福建古田、贵州遵义、安徽金寨、江西井冈山、宁夏海原、贵州剑河、湖北红安、陕西延安等华润希望小镇，四川南江华润希望小镇也正在规划建设中，直接受益农民超过3036户、11463人。通过统一规划，就地改造、重建，彻底改变农民的居住环境，同时利用集团自身的产业和资源优势，帮助农民成立专业合作社，发展新型农村集体经济，把华润希望小镇建设成为生态、有机、绿色，和当地自然环境保持和谐一致，具有农业发展活力、鲜明地方和民族特色的社会主义新村镇。华润海原扶贫模式被国务院扶贫办评为精准扶贫50佳案例且排名第一。

第三节　粤港澳大湾区国企促进脱贫地区居民收入提升的经验

尽管我国脱贫攻坚战取得了全面胜利，完成了消除绝对贫困的艰巨任务，但相对贫困问题仍将长期存在，因此，有必要探索和提炼解决相对贫困的好办法。根据中国农村贫困监测报告，按国家制定的贫困标准，2016年农村贫困人口数量清零的省份（直辖市）有北京、天津、上海、江苏、浙江和广东。其中，广东省内经济和社会发展的地区间差异非常大，粤港澳大湾区内地九市很发达，而粤东、粤西和粤北地区则相对落后。在完成两轮"双到"（规划到户、责任到人）扶贫后，广东 2016 年就消除了绝对贫困。广东省 2016 年开始的脱贫攻坚，是根据广东省自定的相对贫困标准的脱贫攻坚，且主要是粤港澳大湾区城市对粤东、粤西、粤北地区的对口帮扶。粤港澳大湾区城市在对粤东、粤西、粤北地区相对贫困村和贫困户的脱贫攻坚中，积累了很多消除相对贫困的经验。其中，粤港澳大湾区的国有企业发挥了重要引领作用，做出了突出的贡献，也积累了很多宝贵的经验。

一 粤港澳大湾区城市率先走出了解决相对贫困之路

广东省历经 2009—2015 年的两轮"双到"扶贫，基本消除绝对贫困。2016 年以来的脱贫攻坚，广东省有两大"战场"。省内扶贫，大湾区城市对口帮扶粤东西北地区，解决"相对贫困"问题；省外扶贫，东西部协作解决"绝对贫困"问题。

粤港澳大湾区城市率先走出了解决相对贫困之路。2009—2012 年，广东省开展第一轮"双到"扶贫。至 2011 年年底，被帮扶的 37 万贫困户、157 万贫困人口中，86% 的贫困人口达到年人均纯收入 2500 元以上的国家脱贫标准（国定贫困县根据 2010 年不变价格 2300 元计算）。2013—2015 年，广东省开展第二轮"双到"扶贫，以 2012 年全省农民人均纯收入的 33% 为扶贫标准。

2012 年广东省制定《广东省农村扶贫开发实施意见》，提出要建立与广东经济社会发展水平相适应的动态扶贫标准；2013—2015 年，以 2012 年全省农民人均纯收入的 33% 为扶贫标准；2016—2020 年，以 2015 年为基期，根据当年经济社会发展情况和相对贫困人口规模确定扶贫标准。2019 年，《广东省相对贫困人口相对贫困村退出机制实施方案》制定相对贫困人口退出标准为：劳动力的相对贫困户年人均可支配收入达到当年全省农村居民人均可支配收入的 45%，根据 2020 年广东农村居民人均可支配收入 20143 元，判断 2020 年的脱贫标准是人均可支配收入为 9064.35 元。广东的相对贫困标准远高于脱贫攻坚中国家制定的绝对贫困标准 4000 元（根据 2010 年不变价格 2300 元计算的 2020 年现价）。

2016 年起，聚焦省内年户人均收入 4000 元（2014 年不变价）以下的 161.5 万相对贫困人口、2277 个相对贫困村，以粤港澳大湾区城市为主力，广东率先在全国开启解决相对贫困的探索，打响新一轮精准脱贫攻坚战。通过 2016 年以来的新时期精准扶贫，161.5 万建档立卡相对贫困人口全部实现脱贫，有劳动力贫困户年人均可支配收入达 15147 元，2277 个相对贫困村全部达到广东省定相对脱贫出列标准。

粤港澳大湾区城市在对粤东、粤西、粤北地区脱贫攻坚的过程中率先走出了解决相对贫困的道路，其中粤港澳大湾区的国有企业是不可忽视的脱贫攻坚主力军，发挥了引领、破壁和示范的重要作用。因此，本课题组总结了大湾区国有企业在解决相对贫困问题中的做法和经验，以供新的阶段在脱贫攻坚向乡村振兴过渡中借鉴和推广。

二 粤港澳大湾区国企促进脱贫地区居民收入提升的效果

以广州为例，几乎全市所有广州市属国有企业都参与了脱贫攻坚。广州的国企主要承担3省区（广东、贵州、新疆）、5市州（梅州、清远、毕节、黔南、喀什）产业帮扶，梅州、清远71个村精准扶贫，毕节、黔南110个村东西部协作扶贫及从化增城31个村乡村振兴任务。截至2020年9月中旬，广州国企共投入帮扶资金88.57亿元；全面完成精准扶贫目标任务、脱贫率达100%。广州国企累计向梅州、清远结对帮扶的71个相对贫困村投入3.42亿元，派出驻村扶贫干部403人，结对帮扶的4582户相对贫困家庭、12972名相对贫困人口全部实现脱贫出列，人均年可支配收入1.1万元以上，达到国定脱贫标准的2.75倍，超过广东省定相对贫困标准10%以上。东西部协作扶贫的100个村出列、16397户78001人脱贫。

粤港澳大湾区其他城市的国有企业在脱贫攻坚中同样发挥了重要的引领作用。以深圳为例，自2016年至2020年6月，深圳市属国企共投入和引进各类帮扶资金66.67亿元，其中定点扶贫累计投入4.55亿元，产业帮扶累计投入62.12亿元，共派驻355名专职扶贫干部赴全国各地参加扶贫工作；定点扶贫的河源、汕尾27个相对贫困村全部脱贫摘帽，累计脱贫1474户、4559人，户脱贫率、人脱贫率均达100%；建档立卡贫困户人均可支配收入由2016年约6564元，增加到2019年年底约14285元，年均增幅约30%，达到国定脱贫标准的3.5倍，超过广东省定相对贫困标准50%以上。粤港澳大湾区的国有企业参与脱贫攻坚，有力促进了贫困地区加快发展、贫困群众增收致富。

因为成绩突出，粤港澳大湾区内多个国有企业获得"全国脱贫攻坚先进集体"称号（广东省交通集团有限公司、广东省广物控股集团有限公司、中国南方电网有限责任公司、中国电信股份有限公司广东分公司、广州医药集团有限公司、深圳市农产品集团股份有限公司），多个国企派出的扶贫干部获得"全国脱贫攻坚先进个人"称号。

广东省总计有2446家企业及457家社会组织与扶贫协作地区3984个贫困村结对帮扶，而获得"全国脱贫攻坚先进集体"称号的企业大部分都是国有企业。这充分说明了大湾区国企在脱贫攻坚中发挥了引领作用。

三 粤港澳大湾区国企促进贫困地区居民收入提升的做法

粤港澳大湾区的国有企业在脱贫攻坚过程中，在政府引导下，采用市场化的手段，产业扶贫、消费扶贫和就业扶贫并重，探索了打通消费端、打造全产业链，带动当地特色产业的发展，实现输血式扶贫转向造血式扶贫转变的道路。由于不同地区资源禀赋差异很大，粤港澳大湾区的国有企业针对不同资源禀赋地区，采取了不同的方式。

1. 在拥有特色农产品资源但未能有效利用的贫困地区，重点开展产业扶贫和消费扶贫

典型案例为广药集团对贵州的特色资源刺梨进行深度开发，打造成全国性的品牌，打通消费端，拉动整个产业链的发展。

贵州的山果之王刺梨，主要分布在贵州高原，维生素C含量很高，其含量是猕猴桃的10倍，柠檬的100倍，苹果的800倍。贵州人对刺梨并不陌生。人们很早就发现了刺梨的药用价

第四章
国有企业在三次分配中的作用

值。1988年，刺梨饮料亦曾走进汉城奥运会。刺梨通常加工成果脯销售。但贵州以外很少有人知道刺梨，这限制了刺梨产业的大规模发展。到2018年，很多老百姓连刺梨果都卖不出去。究其原因，主要是没有开发出被大众接受的刺梨产品，形成刺梨的消费品品牌，更没有把整个产业链做起来。

2018年11月16日，广东省主要领导带队前往贵州考察时，指示广州市协调广药集团对口帮扶刺梨产业发展。接到扶贫任务的第二天，广药集团领导就亲自带队到贵州调研刺梨产业，提出将刺梨发展为百亿级的时尚生态产业，并举公司骨干科研力量，历经数十次配方探索，仅用了98天，就研发出"刺柠吉"天然高维C饮料和润喉糖两款产品。2019年，广药在惠水县搭建生产基地，日产"刺柠吉"60万罐、王老吉凉茶70万罐，为当地提供了180个就业岗位。"刺柠吉"2019年销售额即达1亿元，2020年广药花费数亿元通过全媒体品牌推广，结合全员营销，年销售额达5亿元。

广药"刺柠吉"的推出带动了刺梨产业链上下游发展，促进了刺梨种植、加工、运输等产业链上不同环节企业的发展。据贵州工信厅数据显示，贵州刺梨生产加工企业销售同比提高30%以上，从事刺梨加工生产的企业数量同比增长了50%，刺梨相关的品牌注册量增幅超过了80%，刺梨种植面积已超200万亩，刺梨种植受益农户6.5万户、21.7万人，户均增收突破7000元。在成功推出"刺柠吉"的基础之上，广药集团又进一步开发出刺梨原液、气泡酒、龟苓膏、月饼等各种产品。

广药集团发展贵州刺梨产业的案例表明，国有企业拥有组织优势、研发力量、经营管理能力、销售渠道、品牌优势和品牌推广能力，将国有企业的这些优势和贫困地区的优势资源结合，对农产品进行不同程度的加工和开发，生产出各种工业品（果脯、刺梨原液、龟苓膏、饮料等），并打造成时尚消费品（时尚饮品"刺柠吉"、刺梨原液等），最终将优势资源发展成优势产业。广药集团走出了一条打通消费端，进而打造全产业链，带动当地特色产业发展的道路。广药集团在打造刺梨产业链的过程中，起到了最重要的破壁、引领和打造整条产业链的作用，真正成为产业链的"链主"。

除了广药集团，越秀集团的风行农牧在毕节市打造了集种猪场、育肥猪场、研究中心、饲料厂、屠宰场、深加工于一体的100万头生猪全产业链项目。该项目全部建成投产后，可带动5000余人就业，年产值约20亿元。同时，该项目还致力于打造"生猪养殖—沼气利用—蔬果种植"绿色循环型生态农业模式。广州国有企业在贫困地区投资建设种养基地、加工厂和冷链仓储物流，补齐、延长当地农业产业链条，打造全产业链的模式是可以复制、可以推广的。

2. 在拥有优美自然环境和独特文化的贫困地区，开展旅游扶贫

旅游扶贫有助于充分利用当地资源，通过发展旅游产业带动地方居民收入水平提升。比如，广物控股集团坚持因地制宜，把定点扶贫和美丽乡村建设结合起来，提出以文旅项目带动发展的思路，大力协调推动鱼咀文旅民宿项目，使英德市鱼咀村从"脏、乱、差、破"的贫困村一跃成为首届"广东省

十大美丽乡村"之一。截至 2020 年年底，鱼咀村全部 100 户贫困户年人均可支配收入达 18584 元，村集体收入超 10 万元。

广东省交通集团对口帮扶揭西县金和镇山湖村，自筹帮扶资金 2500 万元，投入美丽乡村建设，重点完善了村基础设施、改善了村容村貌、打造了精品旅游乡村，成为远近闻名的"网红村"。通过帮扶发展乡村旅游等产业项目，大大增强了村的造血功能。2016—2020 年，山湖村贫困户家庭人均可支配收入从 3969 元增长到 16205 元，年平均增长率达 34%；全村农民家庭人均可支配收入从 7863 元增长到 23689 元，年平均增长率达 26%。

除了建设美丽乡村、开展乡村旅游之外，旅游扶贫还包括开发贫困地区的旅游资源。但贫困地区往往交通基础设施和旅游基础设施较差，旅游资源的知名度较低，且未形成有影响力的旅游品牌。如何将贫困地区的旅游资源变成受市场欢迎的旅游产品？粤港澳大湾区国有企业通过打通消费端的堵点，通过发展交通、组织客源、建设酒店及其他旅游基础设施等，切实将贫困地区的旅游资源转化为当地居民的收入。

比如，广州市和黔南荔波、毕节市签署了三地《旅游合作发展框架协议》，协调恢复广州与黔南荔波的航班，加密与毕节的航班（由南航执飞），组织开展"百企千团十万广东人游贵州""千团万人游黔南"旅游扶贫系列活动，开设广黔旅游专列 10 趟，推动广州 60 多家知名旅行社与当地签订客源营销协议；岭南集团和越秀集团在贫困地区投资兴建高标准的民宿和酒店；岭南集团发挥集团旗下广之旅的品牌优势，针对广东梅州、贵州黔南、西藏林芝、云南香格里拉、黑龙江齐齐哈尔、新疆喀什等10个贫困地区，策划推出近220条精品线路，采取旅游专列、包机等输送游客约50万人次。在打造旅游服务产业链上，国有企业也发挥了破壁、示范和引领作用，带动帮扶地区文化旅游产业发展，增加了贫困地区人民的收入。

3. 开展长效的消费帮扶，形成对当地优质农产品的长期、稳定的需求

一般而言，扶贫对口单位采购包销式消费帮扶往往容易变成单次的输血，不能形成长期稳定的市场需求，因而不能形成脱贫或乡村振兴的长效机制。通过产业带动发展，贫困地区好的资源（农畜产品和自然环境）能被更多人所认识，打开更广阔的市场，塑造出地区特色品牌，同时有助于引进先进的经营管理理念，降低各类成本，提升产品市场竞争力。

然而，脱贫地区的产品要构造起市场竞争力是一个长期的过程。由于目前消费帮扶产品在存储、运输、广告和渠道等多个环节包含各种形式的"补贴"，多数消费帮扶很大程度上是一种"以购代捐"。这些"补贴"一旦撤销，那么这些产品的价格还有没有市场竞争力？即便价格是有竞争力的，这些产品是否能持续创新并满足不断变化的市场需求？线上线下搭建的销售平台能否持续有流量？

针对价格的市场竞争力问题，广东国有企业在脱贫攻坚过程中，尊重市场规律、坚持采用市场化手段开展消费帮扶。通过标准化、规模化和基地化生产和销售，降低生产、流通和消费过程中的各项成本。例如，毕节的纳雍"滚山鸡"虽然品质

第四章
国有企业在三次分配中的作用

很好,但一开始由于价格过高,在粤港澳大湾区打不开销路。后经过反复沟通,通过大批量采购和销售方式,降低各个环节的成本,将成本降到有市场竞争力的80元左右,再借助广州地铁及其他各类媒体广泛的公益宣传,大大提高了其在大湾区的知名度,打开了在大湾区的市场销路。消费端打通后,"滚山鸡"养殖产业就发展起来了。

针对产品的市场竞争力问题,一种方式是,通过科技改良脱贫地区农产品的品质,开展绿色、有机、地理标志农产品认证,产品可溯源,打造区域品牌,等等,广东省脱贫攻坚过程中打造了一系列的区域品牌,比如贵州纳雍土鸡("滚山鸡")、威宁土豆以及广西融安金桔膏、云南昭通丑苹果等一批知名品牌。另一种方式是通过创新农产品的深加工,增加附加值,借老字号或知名品牌销售,比如广州酒家结合自身科研优势和品牌影响力,帮助被帮扶地区研发出贵州"皂角米"、高山红薯流心酥等火爆大街小巷的产品;白云帮扶馆联合广州老字号"港三元"开发出蝴蝶酥、韭菜包子和红薯面等新产品,助推贵州省安顺市普定县10万亩韭菜、紫云县1万亩红薯打入广州市场。

此外,粤港澳大湾区国企充分利用大湾区的市场,打造销售脱贫地区扶贫产品的线上线下平台。比如,全国脱贫攻坚先进集体深农集团从海吉星物流园专门划出1.5万平方米场地,用于建设深圳市消费扶贫中心,将其打造成首个面向全国市场,集农产品展示展销、消费体验等功能于一体的"永不落幕"的市级消费扶贫中心。首创市场和基地联动发展的"红河模式",切实推动深圳消费扶贫工作走在全国最前列,为深圳乃至全国提供了可复制、可借鉴的产业扶贫新模式。

4. 对于不具备特色资源的贫困地区,广泛开展劳务协作和人力资源开发,通过劳动力转移就业提高贫困地区居民收入

从贫困劳动力就业的数量上看,目前粤港澳大湾区国有企业发挥的作用较小。这主要是因为大多数贫困劳动力缺少一技之长、文化水平较低、身体素质较弱,缺乏市场竞争力,只能从事一些低技能劳动或体力劳动,而国有企业目前以资本密集型或技术密集型企业为主,岗位的文化和技术水平要求较高,低技能岗位的需求不多。目前粤港澳大湾区劳动密集型企业大多是民企或外资企业,这些企业吸纳了大量的贫困劳动力。但是,部分民营企业提供的岗位质量不高,就业稳定性较差。国有企业与之相比,管理规范,就业稳定,就业质量也较高。

对于贫困劳动力的技能和国有企业的人才需求不匹配的状况,粤港澳大湾区的国有企业探索先对贫困劳动力进行人力资源开发,培养相应职业技能后,再帮助他们实现高质量就业路径。例如,广州港集团和毕节职业技术学院一起开办"港口机械操作与维护"专业培训班,定向为广州港集团培养、输送、储备港口大型机械操作与维护等岗位的专业技能人才。2017年9月,43名贫困学生成为首批学员,2020年首批学员毕业上岗,税前工资7000元以上。

10家广州市属国企和毕节职院合作开设了20多个"订单班",包括广汽集团的"广汽班"、王老吉药业的"广药刺柠

吉"班、广州地铁集团的"广州地铁订单班"、广电城市服务集团的"广电订单班"、岭南集团的"粤菜师傅——岭南集团班"、广州酒家集团的"粤菜师傅——广州酒家班"和广州建筑集团的"广州建筑班"等。目前,仅仅毕节职院一家,就与广州共建精准扶贫"订单班"37个,招收学生1317名。这些学生毕业后可以在培养他们的企业中实现高质量就业,真正实现"学艺一人、脱贫一户"的帮扶目标。

5. 完善利益联结机制,让农民更多分享产业增值收益

"十四五"规划纲要指出,乡村振兴要完善利益联结机制,通过"资源变资产、资金变股金、农民变股东",让农民更多分享产业增值收益。

居民收入的来源有四个部分,即劳动报酬、财产性收入、经营性收入和转移性收入。就业能增加劳动报酬,但由于贫困户多数教育水平相对较低、身体素质相对较弱,在劳动力市场上的竞争力较弱,较难持续获得较高的劳动报酬。贫困户很少有财产性收入和经营性收入。转移性收入只是"输血"而不能"造血"。但如果能将一次性的转移性收入转化为持续的经营性收入,比如资产的收益,那么扶贫政策逐步退出后,贫困户也不容易返贫。

部分粤港澳大湾区国有企业对口扶贫时,为了使脱贫群众能够有持续的收入不返贫,采取了将扶贫资金投入贫困村的产业发展项目,使扶贫资金资本化,所有贫困群众可以从扶贫项目的收益获得分红。这种资产收益式扶贫,也是贫困地区群众实现共同富裕的途径之一。

例如，深圳国企深国际、深高速对口帮扶河源市东源县上莞镇新民村。2016年11月出资235万元，购买82亩位于仙湖村的茶园，成立了茶叶合作社，较大地提升了市场对"仙湖玉露"品牌的认可度。邀请广东省农业科学院、华南农业大学等单位专家为仙湖茶叶的种植与病虫防护"把脉问诊"。茶叶合作社四年累计分红超过100万元，成为新民村经济"造血"的飞地。

再者，广州工控对口帮扶英德市沙口镇石坑村，将扶贫专项资金以"家庭农场+贫困户"的模式打造石坑村百亩香芋种植基地项目，每亩纯收入6000元左右。广州工控还全资收购了清远英德滑水山二级水电站作为扶贫项目，利用企业的技术优势，对该项目进行技术改造和日常维护。如今水电站平时只需要雇2个技术工人就能源源不断地创造效益，2019年实现营收22.96万元，分别为村集体分红1.85万元、有劳动能力的贫困户分红16.65万元，户均分红3388元。2020年1—8月发电29.40万度，发电收入12.88万元，2020年6月和9月进行了两次分红，总计拿出9万元用于分红，户均增收1620元，村委增收0.9万元。

第四节 发挥国有企业乡村振兴引领作用，推动乡村共同富裕

推进乡村振兴是我国在取得脱贫攻坚胜利后继续向共同富裕迈进的重要一步。习近平总书记指出，"实施乡村振兴战略

是一篇大文章"①，强调要推动乡村产业振兴，紧紧围绕发展现代农业，围绕农村一二三产业融合发展，构建乡村产业体系，实现产业兴旺，把产业发展落到促进农民增收上来，全力以赴消除农村贫困，推动乡村生活富裕。国有企业是我国取得脱贫攻坚胜利中冲锋的"领头羊"，随着乡村振兴工作逐步向全面化、常态化转变，国有企业需要在脱贫攻坚已形成的良好基础上，拓展思路，引领担当，以市场化为原则，多措并举，创新体制机制安排，探索促进农民创富能力、收入水平提升的长效路径，促进城乡收入均等化，推动乡村生活共同富裕。

一 搭建乡村振兴产业资源对接平台，提升国企产业对接效率

一是创新体制安排，搭建乡村地区特色资源、产业与国有企业对接合作的数字化平台。广药"刺柠吉"的经验表明，国企主营业务和经营优势与贫困地区资源的有效匹配是建立产业扶贫机制、提升扶贫效率的前提，但单个国有企业的力量不足以发展贫困地区的特色产业，因此对接和合作的平台也能为企业的协作提供帮助。国有企业参与脱贫攻坚主要由各省、市协作办安排，尽管在此过程中会考虑企业业务与地区资源的衔接，但人为协调的低效以及部门之间缺乏有效沟通抑制了国企与贫困地区产业对接的效率。在脱贫攻坚向乡村振兴转变过的程中，亟须创新体制安排，建议从探索搭建省级层面乡村振兴

---

① 人民网：http://cpc.people.com.cn/GB/n1/2020/0917/c64094-31864812.html。

资源对接数字化平台着手，逐步发展建设成全国性平台，即逐步实现从扶贫"分"任务集中攻坚到乡村振兴"统"目标长效机制的转变，提升国有企业资源和优势与乡村地区特色资源产业的对接效率，促进国有企业引领作用在乡村振兴中更好地发挥。二是突出乡村振兴资源对接平台的专业化、数字化特征。汇总分散各地各部门脱贫攻坚已取得的成绩、建设的基础以及尚存在的问题相关信息，组织专业化力量进行分析诊断，对乡村地区资源产业进行全面画像、精准识别，并通过数字化手段，动态更新信息，提升国有企业与乡村地区结对引领匹配效率。

二 构建国企协同推进乡村振兴机制，促进产业链完整有序发展

习近平总书记指出，产业扶贫是稳定脱贫的根本之策。[①] 国有企业是产业扶贫的主导力量，促进乡村资源相关产业链的完整、有序、发展，才能使产业扶贫有效转换成促进乡村振兴的长效机制。尽管头部企业在促进贫困地区融入产业链建设方面发挥了重要作用，但要实现产业链的完整有序与发展，仍然需要做好以下工作：一是国有企业的跨产业协作。即突破一家企业带动一个地区产业链发展的局面，沿产业链引入资源互补的其他国企，发挥各自优势，与头部企业（"链主"）协同助力乡村振兴。二是国有企业的跨区域协作。可依托乡村振兴资

---

① 《习近平重要讲话单行本（2020年合订本）》，人民出版社2021年版，第264页。

源对接平台，推进不同地区具有同一产业优势国有企业之间的协作，共同帮扶同类资源乡村地区产业建设，实现规模经济效应，降低帮扶成本。三是国有企业与民营企业的跨所有制协作。民营企业积极履行社会责任，是脱贫攻坚中不可忽视的力量。全产业链的打造离不开广大民营企业的参与。国有企业利用其资金、品牌和经验管理优势，发挥引领、破壁的作用，民营企业在不同的产业链环节和国有企业形成有效分工，共同推进贫困地区产业发展。

三 合力打造扶贫产品的消费平台，提升脱贫地区产品的市场竞争力

消费帮扶是提高农村居民收入、减小城乡收入差距的重要举措。国有企业通过单位和职工购买，并通过线上和线下的各种渠道帮助销售脱贫地区的农产品，取得了突出的成绩，在打赢脱贫攻坚战中起到了重要的作用。

但是，单次购买式消费帮扶不能形成消费扶贫长效机制。目前，多数消费帮扶在存储、运输、广告和渠道等多个环节隐含各种形式的"补贴"，类似"以购代捐"。这些"补贴"一旦撤销，那么这些产品的价格市场竞争力有限；即便价格是有竞争力的，这些产品往往并不能满足不断变化的市场需求。

目前中央和地方的国有企业开展消费帮扶的一个重要手段是各自在各大电子商务平台上开设扶贫产品的网店或独自建设电子商务平台（App）。电子商务平台（含网点）是典型的双边市场，具有显著的规模效应和网络外部性，消费者（商户、商品）越多，能吸引更多的商户、商品（消费者）入驻，成

为平台的用户，平台对于双边用户的价值也越大，消费者（商户）才会更经常地利用平台。

从可持续性和长期有效性来说，单个国有企业搭建的电子商务平台的流量会慢慢减少，用户会慢慢流失并集中到大平台或网店，大部分平台或网店最终流量越来越少。从需求方来说，各自建设平台不利于消费者在更广范围内进行商品选择，降低了平台对消费者的价值；从供给方来说，不利于商户聚力打造消费扶贫产品的销售平台，降低宣传推广等相关成本。

因此，课题组建议国资委统筹做好顶层设计，依托现有的中央企业消费扶贫电商平台，进一步吸引各省国有企业建立地方专馆，引导所有国有企业齐力引流，搞好一个扶贫产品的电子商务平台。

消费帮扶要坚持市场化和品牌化的方向，逐步帮助扶贫产品形成价格竞争力和品质竞争力，打造有效的消费扶贫长效机制。

一是通过标准化、规模化和基地化生产和销售，降低生产、流通和消费过程中的各项成本，形成扶贫产品价格的市场竞争力。二是通过科技改良脱贫地区农产品的品质，开展绿色、有机、地理标志农产品认证，产品可溯源，通过平台打造区域品牌等打造产品品质竞争力。三是通过创新农产品的深加工和开发，增加产品的附加值，借老字号或知名品牌销售，比如广州酒家结合自身科研优势和品牌影响力，帮助被帮扶地区研发出贵州"皂角米"、高山红薯流心酥等火爆大街小巷的产品。不断提高脱贫地区产品的市场竞争力，才能增强脱贫地区经济的内生增长动力。只有脱贫地区产品具有市场竞争力，搭建的线上线下销售平台才能有流量，而不至于变成展览馆。

四 支持国企成立乡村产业发展基金或乡村振兴基金，推动金融助力乡村振兴

2020年年底的中央农村工作会议上，习近平总书记强调："要加快发展乡村产业，顺应产业发展规律，立足当地特色资源，推动乡村产业发展壮大，优化产业布局，完善利益联结机制，让农民更多分享产业增值收益。"[①] 产业发展是乡村振兴的"牛鼻子"。要以产业发展带动农村居民本地就业，以产业发展带动农产品的销售，以产业发展持续推动农民增收，产业兴旺带动乡村人才和组织建设、丰富乡村文化、改善环境和乡村治理，实现以产业发展带动乡村全面振兴。

国资委已引导所有央企成立了中央企业贫困地区产业投资基金，广药集团也成立了乡村振兴支持基金。接下来，建议推动具有实力的国有企业联合相关企业及金融机构，共同设立促进乡村振兴支持基金。

国有企业乡村振兴基金主要发挥如下功能：一是促进研发功能。深入研究贫困地区的资源，开发出符合市场需求的特色产品是产业发展中的关键步骤。设立专门的乡村振兴基金，为产业扶贫注入持续的科技力量。二是投资收益功能。鼓励将乡

---

① 中国政府网：http://www.gov.cn/xinwen/2020-12/29/content_5574955.htm? gov.

村振兴基金进行专业化投资，投入可以为脱贫地区造血的项目，例如建设水电站、光伏发电站等，提升投资回报率，使得没有资本积累的贫困户也可以持续获得资本收益。三是培训教育功能。通过基金支持、统一协调、分类实施，开展乡村地区人力资源开发、职业技能培训，提升农民参与产业发展的技能和实用知识，或为各类企业劳动力需求提供针对性供给，实现"授人以渔"，产业有人才的支撑才能持续发展，乡村才得以振兴。

五 继续发挥国企在基础设施建设、文化思想引领方面的优势，着力推动优化乡村营商环境

国有企业在积极推进产业扶贫、消费扶贫的同时，在推进贫困地区文化、生态环境建设方面也发挥了不可或缺的作用。乡村营商环境优化是构建乡村振兴常态保障机制的重要基础，建议：一是完善乡村基础设施，尤其是数字网络基础设施建设。不仅在交通方面，更在信息方面，畅通乡村与城市交流的渠道，促进双方交流互通，形成各类企业"走进来"，乡村产品、劳动力"走出去"的良好运行机制。二是继续在扶志扶智方面发挥引领作用，促进乡村营商软环境建设。通过对基层干部、致富带头人、农民骨干的系统培训、交流，提升其自我价值实现意识、规则遵守意识、市场竞争意识，形成"我要致富、我能致富"的良好氛围。

共同富裕是社会主义的本质要求，是人民群众的共同期盼。在我国进入新发展阶段、贯彻新发展理念、构建新发展格局过程中，必须更加注重共同富裕问题。共同富裕的实现需要完善的收入分配体制，通过初次分配结构的完善扩大中等收入群体，通过再分配调节不同群体的收入水平，通过推进脱贫攻坚、乡村振兴战略以及三次分配以提高低收入群体收入水平。国有企业控制着国民经济的命脉，集聚着大量经济社会资源要素，主导着收入分配格局的变化。应发挥国有企业在收入分配制度改革中的先导作用，先行先试，推动收入分配格局重构。

本报告以习近平新时代中国特色社会主义思想为指导，在对国家重大发展战略研判的基础上，从三个方面对国有企业在促进收入分配体系完善中的作用进行了深入研究。

首先，初次分配主要是国民收入在各生产要素之间的分配，在很大程度上决定着收入分配的基本格局。我国初次分配面临的主要问题是劳动收入份额过低，而国有企业可以通过提高自身劳动收入份额，对民营企业产生引导作用，从而提升经济总体的劳动收入份额。劳动收入的提高意味着更多劳动者进入中等收入群体。此外，国有企业还积极发挥了促进就业的作用，通过拓展产业链、就业技能培训等渠道，使得无业者成为劳动者，进而扩大中等收入群体规模。

其次，近年来国有企业利润总额和利润率有明显提高，合理分配国有企业利润，有利于全体人民共享改革发展成果。本报告研究发现，国有企业利润再分配可以通过以下机制调节收入分配差距：一是缴纳企业所得税，增加财政收入，为政府收入再分配政策提供资金来源；二是上缴利润或分配股息红利，增加国有资本经营收入，为国有资本经营支出提供资金来源；

三是保留利润进入国有资本权益，提高全民国有资本福利水平。此外，通过国有资本划转社保和保障性国有企业的利润让渡间接调节收入差距。

最后，脱贫攻坚和乡村振兴是迈向共同富裕的重要一步，国有企业在通过三次分配缩小城乡收入差距、迈向共同富裕的过程中也发挥着不可替代的作用。本报告课题组经过多次深入的实地调研，发现粤港澳大湾区国企积极参与脱贫攻坚，在降低收入不平等方面取得了突出的成绩，其最宝贵的经验在于深入分析脱贫地区的优势领域和短板不足，明确经济发展的重点产业和主攻方向，充分尊重市场规律，利用市场化机制，借助老字号品牌推动帮扶产品创新、形成上规模的产业链进行产业对接帮扶。总结、提炼、推广国有企业在脱贫攻坚中的经验，也有助于国有企业在乡村振兴中更好地发挥支撑、引领和带动作用，并更加积极有为地促进共同富裕。

附　录

中央及其下属企业及国资委获国家扶贫攻坚先进集体名单[①]：

1. 国务院国资委驻平乡县田付村乡艾村工作队
2. 国务院国资委科技创新和社会责任局社会责任处
3. 中国核工业集团有限公司中国铀业公司核工业二一六大队"访惠聚"驻村工作队
4. 中国航空工业集团有限公司扶贫开发领导小组办公室
5. 中航贵州飞机有限责任公司
6. 中国船舶集团有限公司中船重工物资贸易集团（勐腊）有限公司
7. 中国兵器装备集团有限公司扶贫开发领导小组办公室
8. 中国电子科技集团公司第十研究所脱贫攻坚工作组
9. 中国航发贵州黎阳航空动力有限公司
10. 中国石油定点扶贫与对口支援工作领导小组办公室
11. 中国石油天然气股份有限公司塔里木油田分公司
12. 中国石油化工集团有限公司对口支援及扶贫工作领导小组办公室

---

① 国务院国有资产监督管理委员会网站，2021年2月26日。

13. 中国海洋石油集团有限公司扶贫与对口支援工作领导小组办公室

14. 国网冀北电力有限公司营销部

15. 国网沧州供电公司驻吴桥县东宋门乡老贾村精准脱贫工作队

16. 国网山西省电力公司扶贫工作领导小组办公室

17. 国网辽宁省电力有限公司彰武县供电分公司

18. 国网江苏省电力有限公司营销部农电处（扶贫处）

19. 国网江西省电力有限公司供用电部（扶贫办）

20. 国网山东省电力公司巨野县供电公司

21. 国网湖北省电力有限公司巴东县供电公司

22. 国网湖南省电力有限公司驻新邵县坪上镇小河村帮扶工作队

23. 国网四川甘孜州电力有限责任公司

24. 国网四川省电力公司

25. 国网甘肃省电力公司

26. 国网青海省电力公司

27. 国网固原供电公司扶贫工作专班

28. 国家电网有限公司营销部扶贫工作处

29. 中国南方电网有限责任公司战略规划部扶贫处

30. 南方电网公司派驻维西县特色农业扶贫开发有限公司运营团队

31. 云南电网有限责任公司规划发展部（扶贫办）

32. 贵州电网有限责任公司

33. 中国华能集团有限公司华能新疆能源开发有限公司驻新疆维吾尔自治区阿合奇县别迭里村"访惠聚"工作队

34. 中国大唐集团有限公司扶贫办公室

35. 中国华电集团有限公司扶贫工作领导小组办公室

36. 华电西藏能源有限公司扶贫援藏办公室

37. 国家电投集团四川电力有限公司凉山分公司

38. 国家电投集团河北电力有限公司驻丰宁满族自治县波罗诺镇老庙营村工作队

39. 中国长江三峡集团有限公司帮扶滇川两省少数民族脱贫攻坚工作队

40. 国家能源投资集团有限责任公司扶贫办扶贫工作处

41. 中国电信集团有限公司办公室扶贫工作处

42. 中国电信股份有限公司广东分公司扶贫开发工作办公室

43. 中国联合网络通信集团有限公司扶贫攻坚与对口援藏工作领导小组办公室

44. 中国移动通信集团有限公司扶贫办公室

45. 中国移动通信集团山东有限公司计划部（扶贫办公室）

46. 云南移动驻绥江县会仪镇黄坪村驻村工作队

47. 中国第一汽车集团有限公司扶贫工作领导小组办公室

48. 中国机械工业集团有限公司淮滨苏美达服装科技发展有限公司

49. 中国宝武钢铁集团有限公司扶贫工作领导小组办公室

50. 中国远洋海运集团驻安化县帮扶工作队

51. 中国航空集团有限公司扶贫工作领导小组办公室

52. 中国东方航空股份有限公司

53. 中化集团 MAP 扶贫工作队

54. 中粮集团有限公司中粮贸易有限公司扶贫工作办公室

55. 中粮家佳康（吉林）有限公司

56. 中国五矿集团有限公司扶贫办

57. 中国通用技术（集团）控股有限责任公司党群工作部（扶贫办）

58. 中建八局西北建设有限公司

59. 国投创益产业基金管理有限公司

60. 招商局慈善基金会

61. 华润（集团）有限公司剑河华润希望小镇项目组

62. 华润集团定点帮扶工作组

63. 中国旅游集团有限公司［香港中旅（集团）有限公司］中旅风景（北京）旅游管理有限公司

64. 中国铁路工会中铁一局集团有限公司委员会

65. 中国交通建设集团有限公司中交怒江产业扶贫开发有限公司

66. 中国电力建设集团有限公司扶贫开发工作领导小组办公室

67. 中国广核集团有限公司广西防城港核电有限公司

参考文献

习近平:《在党的十八届五中全会第二次全体会议上的讲话（节选）》,《求是》2016年第1期。

习近平:《国家中长期经济社会发展战略若干重大问题》,《求是》2020年第21期。

习近平:《把握新发展阶段，贯彻新发展理念，构建新发展格局》,《求是》2021年第9期。

白重恩、刘俏、陆洲、宋敏、张俊喜:《中国上市公司治理结构的实证研究》,《经济研究》2005年第2期。

柏培文、杨志才:《劳动力议价能力与劳动收入占比——兼析金融危机后的影响》,《管理世界》2019年第5期。

蔡昉、Albert Park、赵耀辉:《改革中的中国劳动力市场》,载勃兰特和罗斯基编《伟大的中国经济转型》,格致出版社、上海人民出版社2009年版。

蔡萌、岳希明:《中国社会保障支出的收入分配效应研究》,《经济社会体制比较》2018年第1期。

陈斌开:《收入分配与中国居民消费——理论和基于中国的实证研究》,《南开经济研究》2012年第1期。

程恩富、伍山林:《以国资收益全民分红的方式促进共享共富》,《海派经济学》2021第4期。

楚序平、周建军、周丽莎：《牢牢把握国有企业做强做优做大的方向》，《红旗文稿》2016年第20期。

董丰、申广军、焦阳：《去杠杆的分配效应——来自中国工业部门的证据》，《经济学（季刊）》2020年第2期。

董辅礽：《发挥证券市场的作用，推进国有企业改革》，《经济研究》1999年第10期。

龚刚、杨光：《从功能性收入看中国收入分配的不平等》，《中国社会科学》2010年第2期。

郭彦男、李昊楠：《国有资本收益、利润转移与国企利润》，《财经研究》2020年第2期。

金碚：《三论国有企业是特殊企业》，《中国工业经济》1999年第7期。

李稻葵、刘霖林、王红领：《GDP中劳动份额演变的U型规律》，《经济研究》2009第1期。

李婕：《养老金已实现"16连涨"》，《人民日报》2020年10月14日。

李实、罗楚亮、赖德胜：《中国居民收入分配研究报告》，社会科学文献出版社2013年版。

李实、杨修娜，2021：《中国中等收入人群到底有多少》，https：//www.sohu.com/a/463849546_115479。

李世刚、尹恒：《政府—企业间人才配置与经济增长——基于中国地级市数据的经验研究》，《经济研究》2017年第4期。

廖冠民、沈红波：《国有企业的政策性负担：动因、后果及治理》，《中国工业经济》2014年第6期。

刘元春：《国有企业宏观效率论——理论及其验证》，《中国社会科学》2001年第5期。

刘张发、田存志、张潇：《国有企业内部薪酬差距影响生产效率吗》，《经济学动态》2017 第 11 期。

陆铭：《教育、城市与大国发展——中国跨越中等收入陷阱的区域战略》，《学术月刊》2016 年第 1 期。

吕光明：《中国劳动收入份额的测算研究：1993—2008》，《统计研究》2011 年第 12 期。

罗长远、张军：《经济发展中的劳动收入占比：基于中国产业数据的实证研究》，《中国社会科学》2009 年第 4 期。

罗楚亮、李实、岳希明：《中国居民收入差距变动分析（2013—2018）》，《中国社会科学》2021 年第 1 期。

聂辉华、江艇、杨汝岱：《中国工业企业数据库的使用现状和潜在问题》，《世界经济》2012 年第 5 期。

宁光杰、雒蕾、齐伟：《我国转型期居民财产性收入不平等成因分析》，《经济研究》2016 年第 4 期。

盛丹、陆毅：《国有企业改制降低了劳动者的工资议价能力吗？》，《金融研究》2017 年第 1 期。

施新政、高文静、陆瑶、李蒙蒙：《资本市场配置效率与劳动收入份额——来自股权分置改革的证据》，《经济研究》2019 年第 12 期。

孙晓华、李明珊：《国有企业的过度投资及其效率损失》，《中国工业经济》2016 年第 10 期。

王玉霞、王浩然、张容芳：《上市公司薪酬差距对公司绩效的影响——基于股权集中度的中介效应》，《经济问题》2021 年第 3 期。

魏下海、董志强、黄玖立：《工会是否改善劳动收入份额？——理论分析与来自中国民营企业的经验证据》，《经济研究》2013 年第 8 期。

项安波：《重启新一轮实质性、有力度的国企改革——纪念国企改革 40 年》，《管理世界》2018 年第 10 期。

项慧玲：《独立董事海外背景、内部薪酬差距与企业绩效》，《华东经济管理》2019 第 10 期。

邢春冰：《不同所有制企业的工资决定机制考察》，《经济研究》2005 年第 6 期。

胥和平：《战略性竞争产业中的国有企业》，《中国工业经济》2001 年第 5 期。

胥佚萱：《企业内部薪酬差距、经营业绩与公司治理——来自中国上市公司的经验证据》，《山西财经大学学报》2010 年第 7 期。

徐海燕：《论实现共同富裕的法律途径——以国家所有权制度为视角》，《北京理工大学学报（社会科学版）》2022 年第 2 期。

许志伟、吴化斌、周晶：《个人所得税改革的宏观福利分析》，《管理世界》2013 年第 12 期。

叶静怡、林佳、张鹏飞、曹思未：《中国国有企业的独特作用：基于知识溢出的视角》，《经济研究》2019 年第 6 期。

袁堂梅：《高管薪酬差距与 GDP 损失》，《宏观经济研究》2020 第 11 期。

詹新宇、方福前：《国有经济改革与中国经济波动的平稳化》，《管理世界》2012 年第 3 期。

张宇：《当前关于国有经济的若干争议性问题》，《经济学动态》2010 年第 6 期。

张宇：《论国有经济的主导作用》，《经济学动态》2009 年第 12 期。

张玉华、路军：《社会保险费率调整对企业用工成本的影响》，

《山东社会科学》2019 年第 8 期。

张正堂：《企业内部薪酬差距对组织未来绩效影响的实证研究》，《会计研究》2008 年第 9 期。

周明海、肖文、姚先国：《企业异质性、所有制结构与劳动收入份额》，《管理世界》2010 年第 10 期。

Benjamin, D., Brandt, L., Giles, J. and Wang, S., 2008, "Income Inequality During China's Economic Transition", *China's Great Economic Transformation*, 729: 75.

Blanchard, O. J., Nordhaus, W. D. and Phelps, E. S., 1997, "The Medium Run", *Brookings Papers on Economic Activity*, 2: 89 – 158.

Carpenter, M. A. and Sanders, W. G., 2004, "The Effects of Top Management Team Pay and Firm Internationalization on MNC Performance", *Journal of Management*, 30 (4): 509 – 528.

Fredrickson, J. W., Davis-Blake, A. and Sanders, W. G., 2010, "Sharing the Wealth: Social Comparisons and Pay Dispersion in the CEO's Top Team", *Strategic Management Journal*, 31 (10): 1031 – 1053.

Giovannoni, O. G., 2014, "What Do we Know About the Labor Share and the Profit Share?", Levy Economics Institute, Working Paper.

Gollin, D., 2002, "Getting Income Shares Right", *Journal of Political Economy*, 110 (2): 458 – 474.

Harrison, A., 2005, "Has Globalization Eroded Labor's Share? Some Cross-Country Evidence", University Library of Munich, Germany.

Jensen, M. C. and Murphy, K. J., 1990, "CEO Incentives – It's Not How Much You Pay, but How", *Harv Bus Rev*, 68 (3): 138 – 149.

Kaldor, N., 1955, "Alternative Theories of Distribution", *The Review of Economic Studies*, 23 (2): 83 – 100.

Kaldor, N., 1957, "A Model of Economic Growth", *The Economic Journal*, 67 (268): 591 – 624.

Kaldor, N., 1961, "Capital Accumulation and Economic Growth", *The Theory of Capital*, Springer, 177 – 222.

Karabarbounis, L. and Neiman, B., 2013, "The Global Decline of the Labor Share", *The Quarterly Journal of Economics*, 129 (1): 61 – 103.

Su, L., 2012, "Managerial Compensation Structure and Firm Performance in Chinese PLCs", *Asian Business & Management*, 11 (2): 171 – 193.

后　记

本书为中国社会科学院国有经济研究智库2020—2021重点课题"国有企业在构建新发展格局中的作用研究"资助成果之一。

"国有企业在构建新发展格局中的作用研究"课题是由中国社会科学院经济研究所和国家能源投资集团共同承担。该课题邀请全国知名高校、科研单位的专家学者共同组成研究团队，围绕如何在构建新发展格局过程中更好发挥国有企业作用这一主题进行深入研究（课题组成员的名单附后）。

课题立项后，中国社会科学院经济研究所与国家能源投资集团等单位高效协作，积极组织推动课题各项工作，取得了丰硕的研究成果，一批学术论文发表在顶级研究期刊，多篇要报要参获得中央、部委等领导同志批示。在研究过程中，国家能源投资集团也组建了专门的研究团队，参与了课题研究工作，为课题顺利完成做出了积极贡献，这里特别表示感谢！

"国有企业与构建新发展格局"研究丛书作为本课题的重要成果，共分为五册，分别为总论卷《新发展格局下的国有企业使命》，卷一《理解新发展格局》，卷二《国有企业与畅通经济双循环》，卷三《国有企业与建设现代产业体系》，作为卷四的本书《国有企业与促进共同富裕》。本书各章执笔为中山大学研究团队的李善民、申广军、郑筱婷、徐静、王彩萍、姜彦君、黄建烨、黄志宏、张悦等。中国社会科学院经济研究所张弛参与了本书的编写、校对工作。本书各章有些内容已以学术论文方式公开发表，特此说明。

附：课题组成员名单、国家能源集团参与课题研究成员名单

课题组成员名单

黄群慧　中国社会科学院经济研究所所长、研究员

张　弛　中国社会科学院经济研究所助理研究员

汤铎铎　中国社会科学院经济研究所研究员

赵伟洪　中国社会科学院经济研究所副研究员

续　继　中国社会科学院经济研究所助理研究员

郭冠清　中国社会科学院经济研究所研究员

胡家勇　中国社会科学院经济研究所研究员

陈　健　中国社会科学院经济研究所副研究员

杨耀武　中国社会科学院经济研究所副研究员

黄志刚　中国社会科学院经济研究所助理研究员

刘学梅　吉林财经大学副教授

孙永强　中央民族大学副教授

后　记

邓曲恒　中国社会科学院经济研究所研究员

刘洪愧　中国社会科学院经济研究所副研究员

王　琼　中国社会科学院经济研究所副研究员

倪红福　中国社会科学院经济研究所研究员

倪江飞　中国社会科学院经济研究所博士后

田　野　湘潭大学商学院博士研究生

王文斌　中国社会科学院大学经济学院硕士研究生

林　盼　中国社会科学院经济研究所副研究员

熊昌锟　中国社会科学院经济研究所副研究员

王　瑶　中国社会科学院经济研究所副研究员

李连波　中国社会科学院经济研究所副研究员

朱　妍　上海社会科学院社会学研究所副研究员

孙　明　同济大学社会学系主任、副教授

付敏杰　中国社会科学院经济研究所副研究员

陆江源　国家发改委宏观经济研究院经济研究所副研究员

侯燕磊　国家发改委宏观经济研究院经济研究所助理研究员

李　政　吉林大学中国国有经济研究中心主任

张炳雷　吉林大学中国国有经济研究中心副教授

白津夫　吉林大学中国国有经济研究中心专家委员会主任

宋冬林　吉林大学中国特色社会主义政治经济学研究中心主任

刘　瑞　中国人民大学经济学院教授

赵儒煜　吉林大学东北亚学院教授

花秋玲　吉林大学经济学院教授

王　婷　吉林大学经济学院副教授

张东明　吉林大学中国国有经济研究中心副教授

杨思莹　吉林大学经济学院副教授

尹西明　北京理工大学军民融合发展研究中心副主任

张　旭　吉林大学经济学院博士后

王思霓　吉林大学经济学院博士研究生

陈　茜　吉林大学经济学院博士研究生

王一钦　吉林大学经济学院博士研究生

刘丰硕　吉林大学经济学院博士研究生

李善民　中山大学副校长、教授

申广军　中山大学岭南学院副教授

王彩萍　中山大学国际金融学院教授

徐　静　中山大学国际金融学院副教授

郑筱婷　暨南大学经济学院副教授

柳建华　中山大学岭南学院副教授

张　悦　中山大学国际金融学院助理教授

张一林　中山大学岭南学院副教授

姜彦君　中山大学高级金融研究院博士生

黄建烨　中山大学国际金融学院博士生

黄志宏　中山大学管理学院博士生

楠　玉　中国社会科学院经济研究所副研究员

贺　颖　中国社会科学院经济研究所助理研究员

祁瑞华　大连外国语大学语言智能研究中心教授

李琳瑛　大连外国语大学语言智能研究中心教授

梁艺多　大连外国语大学语言智能研究中心副教授

刘彩虹　大连外国语大学语言智能研究中心副教授

王　超　大连外国语大学语言智能研究中心副教授

李珊珊　大连外国语大学语言智能研究中心讲师

郭　旭　大连外国语大学语言智能研究中心讲师

于莹莹　大连外国语大学语言智能研究中心讲师

赵　静　大连外国语大学语言智能研究中心讲师

国家能源投资集团有限责任公司

刘国跃　国家能源投资集团有限责任公司董事、党组副书记、总经理

宋　畅　国家能源投资集团有限责任公司企管法律部主任

李永生　国家能源投资集团有限责任公司企管法律部副主任

苟慧智　国家能源投资集团有限责任公司综合管理部副主任

邵树峰　国家能源投资集团有限责任公司企管法律部改革处经理

王宏伟　国家能源投资集团有限责任公司企管法律部改革处副经理

史　辰　国家能源投资集团有限责任公司企管法律部改革处高级主管

史卜涛　龙源（北京）风电工程设计咨询有限公司设计师

国电电力发展股份有限公司

耿　育　国电电力发展股份有限公司党委委员、副总经理

刘　全　国电电力发展股份有限公司总法律顾问、企业管理与法律事务部主任

祁学勇　国电电力发展股份有限公司综合管理部副主任

刘永峰　国电电力发展股份有限公司人力资源部副主任

马建信　国电电力发展股份有限公司专职董监事

杨春燕　国电电力发展股份有限公司企业管理与法律事务部高级主管

孙博格　国电电力发展股份有限公司综合管理部高级主管

袁祎昉　国电电力发展股份有限公司国际业务部副经理

张京艳　国电电力发展股份有限公司国际业务部高级主管

中共国家能源集团党校

周忠科　中共国家能源集团党校常务副校长

许　晖　中共国家能源集团党校副校长

孙　文　中共国家能源集团党校副校长

张忠友　中共国家能源集团党校党建研究部主任

郭水文　中共国家能源集团党校研究部高级研究员

国家能源集团技术经济研究院

孙宝东　国家能源集团技术经济研究院党委书记、董事长

王雪莲　国家能源集团技术经济研究院总经理、党委副书记

李俊彪　国家能源集团技术经济研究院党委委员、副总经理

毛亚林　国家能源集团技术经济研究院科研发展部主任

毕竞悦　国家能源集团技术经济研究院宏观政策研究部副主任

李　杨　国家能源集团技术经济研究院企业战略研究部高级主管

国家能源科技环保集团股份有限公司

陈冬青　科环集团党委书记、董事长

张晓东　科环集团党委委员、副总经理、工会主席

梁　超　科环集团朗新明公司党委书记、董事长

高权升　科环集团组织人事部（人力资源部）副主任

姜媛媛　科环集团科技管理部职员

栾　智　科环集团综合管理部（党委办公室）职员

中国神华煤制油化工有限公司

闫国春　中国神华煤制油化工有限公司党委书记、董事长

王淼森　中国神华煤制油化工有限公司工程管理部质量监督站站长

吴　江　中国神华煤制油化工有限公司企业管理与法律事务部副主任

曹伯楠　中国神华煤制油化工有限公司商务采购部副主任

李　艺　中国神华煤制油化工有限公司科技管理部副主任

国家能源集团物资有限公司

韩方运　国家能源集团物资有限公司一级业务总监

杨占兵　国家能源集团物资有限公司企业管理与法律事务部主任

张明惠　国家能源集团物资有限公司企业管理与法律事务部副主任

李　辉　国家能源集团物资有限公司组织人事部高级主管

严　蕊　国家能源集团物资有限公司企业管理与法律事务部职员

张兴华　国家能源集团物资有限公司企业管理与法律事务部职员